Mehrstimmiges Singen

Wege zur Einführung der Mehrstimmigkeit
in Kinder- und Jugendchören.
Ein Praxisbuch

von

René Frank

Tectum Verlag
Marburg 2005

Für Lara

Frank, René:
Mehrstimmiges Singen.
Wege zur Einführung der Mehrstimmigkeit
in Kinder- und Jugendchören.
Ein Praxisbuch.
/ von René Frank
- Marburg : Tectum Verlag, 2005
ISBN 978-3-8288-8884-5

© Tectum Verlag

Tectum Verlag
Marburg 2005

Inhaltsverzeichnis

1. Einleitung 7
2. Anatomie und Physiologie der Stimme 9
    2.1.1 Das Atemsystem 9
    2.1.2 Das Tonerzeugungssystem 10
    2.1.3 Das Tonverstärkungssystem 11
    2.2 Kinderstimmbildung 12
        2.2.1 Haltung 12
        2.2.2 Atmung 13
        2.2.3 Tonerzeugung 14
    2.3 Stimm- und Sprechübungen 15
    2.4 Weitere Determinanten mehrstimmigen Singens 16
    2.5 Geschichtliche Aspekte des mehrstimmigen Singens 17
        2.5.1 Homophonie 18
        2.5.2 Polyphonie 18

3. Didaktische und methodische Vorüberlegungen zu einem Projekt "Einführung von Mehrstimmigkeit" 20
    3.1 Gliederung der wesentlichen Intentionen 20
    3.2 Sekundäre Lernziele für die Sänger 21
    3.3. Methodische Überlegungen zu dem Projekt 22

4. Geeignetes Liedmaterial - Eine gute Liedauswahl trägt maßgeblich zu dem Erfolg des Projektes bei 25
    4.1 Lieder mit einer oder zwei Harmonien 25
    4.2 Kanon – Quodlibet - Ostinato 27
    4.3 Zweistimmige Lieder im Terzabstand 28

5. Ein Zyklus von sechs Chorproben zur Einführung der Mehrstimmigkeit 30
    5.1 Strukturierung des Projektes in einzelne Einheiten 30
    5.2 Ausführliche Anleitung und Dokumentation eines möglichen Projektverlaufes 34
        5.2.1 Beschreibung der ersten Einheit: „Erarbeitung eines Orgelpunktes zu einer bekannten Melodie" 34
        5.2.2 Beschreibung der zweiten Einheit: „Harmoniegrundlage Bordun und Wechselquinte" 37
        5.2.3 Beschreibung der dritten Einheit: „Einführung des polyphonen Gesangs" 39
        5.2.4 Beschreibung der vierten Einheit: „Singen in Terzen" 42
        5.2.5 Beschreibung der fünften Einheit: „Singen eines polyphonen Liedes aus der Popularmusik" 44

5.2.6 Beschreibung der sechsten Einheit: „Singen von homophonen Liedern aus der Popularmusik" 46
5.3 Mögliche Fortführung des Projektes 48

6. Verifizierung der Methoden durch die Arbeit mit einem Schulchor 51
6.1 Reflexionsfragebogen zur Projekt-Einheit „Mehrstimmigkeit" 51
6.2 Schriftliche Auswertung des Fragebogens 53
6.3 Graphische Auswertung des Fragebogens 55

7. Reflexion des Projekts 58

8. Aufwärm- und Stimmübungen 60
8.1 Aufwärm-, Lockerungs- und Atemübungen 60
8.2 Einsing- und Stimmübungen 62

9. Liedanhang 66

10. Glossar 82

11. Literaturangaben 86

1. Einleitung

Das vorliegende Buch richtet sich an alle Chorleiter[1], Musiker, Lehrer und andere Personen die, wie ich, auf das Problem gestoßen sind, dass Kinder und Jugendliche beim gemeinsamen Singen zwar oft ihre Melodietöne treffen, die Treffsicherheit sich aber stark verringert wenn im Chor zwei Töne gleichzeitig gesungen werden sollen.

Denn das mehrstimmige Singen ist eine Fertigkeit die viel Übung und Praxis erfordert, jedoch durch gezielte Übungsschritte schneller erreicht werden kann, als nur durch häufiges „Nachsingen" oder „Versuchen".

Da ich selbst seit mehreren Jahren Chöre – insbesondere Kinder- und Jugendchöre – an Schulen und in Pfarrgemeinden leite, wurde ich schon öfter mit der Schwierigkeit des mehrstimmigen Singens konfrontiert. Im Rahmen meines Zweiten Staatsexamens bot sich schließlich die Möglichkeit, dieses „Problem" gemeinsam mit einem Schulchor, der bei mir seit über einem Jahr einstimmig sang, anzugehen.

Ich entwickelte Konzepte, spezielle Gesangsübungen und schließlich ein mehrstündiges Projekt mit verschiedenen Methoden und Kniffen (vgl. Kapitel 3), um die Kinder und Jugendlichen konsequent zum mehrstimmigen Singen zu führen, ohne ihnen dabei den Spaß am Singen zu nehmen.

Bei der Suche nach geeigneter Literatur musste ich allerdings feststellen, dass es zwar viele Bücher und Publikationen über Kinderstimmbildung, Gesangsübungen und theoretisches Wissen für den Chorleiter gibt, aber das Problem des Übergangs von der Ein- zur Mehrstimmigkeit fast komplett übergangen wird. Entweder setzen die Autoren bereits das mehrstimmige Singen voraus oder der Gesang bewegt sich im einstimmigen Bereich.

Deshalb soll dieses Buch jene Lücke schließen und ist als Anregung und praktische Hilfe für alle oben genannten Personen gedacht.

Da das mehrstimmige Singen allerdings ein recht komplexer Lernprozess ist, der von unterschiedlichen persönlichen Fähigkeiten und

---

[1] Ich verwende in diesem Buch die männlichen Formen von Chorleiter, Lehrer, Sänger, etc. wobei aber ausdrücklich alle weiblichen Personen mit eingeschlossen sind.

Fertigkeiten abhängt, scheinen auch die Einstiegsmöglichkeiten in diesen Lernprozess sehr verschieden und – abhängig von den vorhandenen Chorstrukturen – mit unterschiedlichem Erfolg versehen zu sein.

Trotzdem erscheint mir das mehrstimmige Singen sowohl pädagogisch als auch für die Entwicklung der Kinder sehr wichtig, da mehrstimmiges Singen viele Qualifikationen begründet und fördert, wie z.B. das selektive und harmonische Hören, rhythmische Sicherheit, sich auf sich selbst und seine Stimme zu konzentrieren und das Erlebnis einer gemeinschaftlichen Leistung mit Erfolg zu haben.

Das Buch ist bewusst kurz gehalten um einen schnellen Überblick der Thematik zu geben und einen direkten Einstieg in die Praxis zu ermöglichen.

Ich wünsche allen Interessierten viel Spaß beim Lesen und viel Erfolg bei der Umsetzung der Vorschläge!

René Frank

Heusenstamm, im Juni 2005

2. Anatomie und Physiologie der Stimme

Dieses Kapitel kann nur einen begrenzten Überblick über die Physiologie der (Kinder-) Stimme geben, da die Singstimme aus einer Vielzahl von anatomisch-physiologischen Einzelkomponenten besteht, deren detaillierte Erläuterungen hier den Rahmen sprengen würden.

Zur Erzeugung eines Tones treten drei wichtige Komponenten in Wechselwirkung zueinander:

2.1.1 Das Atemsystem

Wenn wir Luft durch den Mund oder die Nase einatmen, gelangt sie durch die Luftröhre in die Lunge. Die Lunge, bestehend aus zwei Lungenflügeln, ist der Behälter für die Atemluft. „Verschiedene Muskulaturen können das Volumen des Brustkorbs vergrößern und verringern, völliges Ausatmen ist physiologisch [aber] unmöglich. Etwa ein Drittel der eingeatmeten Luft bleibt immer in den Lungen." (Mohr, S.11)

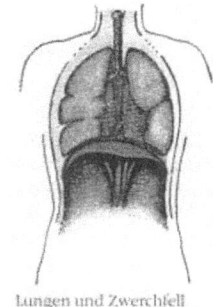

Lungen und Zwerchfell von vorne; Zwerchfell durchschnitten

Abb. 1: Lunge und Zwerchfell. Aus: Frederick Husler, S.56

Zu diesen Muskulaturen gehört auch das Zwerchfell, das beim Singen eine wichtige Funktion hat (siehe Kapitel 2.2.2). Das Zwerchfell liegt direkt unter der Lunge und trennt die Lunge vom Bauchraum.

„Beim Einatmen spannt sich die Zwerchfellmuskulatur an, verkürzt sich dadurch und senkt die im entspannten Zustand nach oben gewölbte Zwerchfellkuppel. Die Erweiterung des Lungenraumes erfolgt bei dieser Bewegung des Zwerchfells besonders in den unteren Regionen des Brustkorbs. Durch den, wegen der Raumerweiterung in den Lungen entstandene, Unterdruck strömt Luft in die Lungen ein." (Mohr, S.12)

Bei der Ausatmung löst sich die Anspannung der Zwerchfellmuskulatur und die Zwerchfellkuppel wird nach oben Richtung Lunge zurückgeführt; dadurch verkleinert sich der Lungenraum und die Luft entweicht durch Luftröhre und Mund oder Nase.

Dies war eine sehr einfache Darstellung der Atmung, bei der in der Realität nicht nur das Zwerchfell beteiligt ist. Aber ein guter

„Zwerchfelleinsatz" ist für die Tonqualität beim Singen von großer Bedeutung und das Wissen um die Wirkung des Zwerchfells auf die Atmung ist unerlässlich.

2.1.2 Das Tonerzeugungssystem

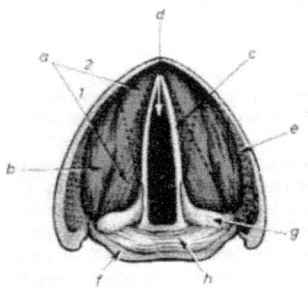

Stimmfalten, halbschematisch. Die gebrochenen Linien zeigen die sich kreuzenden Muskelbündel der Stimmlippe.
a) Stimmlippe
b) äußere Muskelbündel der Stimmfalten
c) Stimmband
d) Stimmritze
e) Schildknorpel
f) Ringknorpel
g) Stellknorpel
h) Schließmuskel

Abb. 2: Die Stimmfalten.
Aus: Husler, S.34

Die Tonerzeugung selbst findet im Kehlkopf statt. Hier befinden sich zwei Stimmfalten, die in Schwingung versetzt werden.

„Der Kehlkopf ist in das Röhrensystem des Atemweges (Luftröhre) so eingeschaltet, dass der Strom der Ausatmung den tonerzeugenden Impuls gibt. Beim Sprechen, Schreien und Singen öffnen und schließen sich die sog. Stimmbänder [Ränder der Stimmfalten, siehe Abb. 2] in Schwingungen. Die Höhe des Tones hängt von Länge, Dicke und Spannung der Stimmbänder ab." (Großkurth, S.223)

Die Stimmbänder sind Teil der oben genannten Stimmfalten – zwei kräftige Muskelsysteme, die vom Rand des Kehlkopfes her wulstig in die Mitte ragen. Die Muskelpaare selbst werden Stimmlippen genannt.

Die Stimmfalten sind zur Mitte hin zu einer sehnigen Kante ausgeformt, den Stimmbändern, die die Stimmritze umschließen. Durch die Stimmritze wiederum strömt die Luft, welche die Stimmbänder in Schwingung versetzt. Durch die Schwingungen öffnet und schließt sich die Stimmritze und „es entstehen periodische Luftverdichtungen- und verdünnungen im Kehlraum, die sich im gesamten Atemsystem fortsetzen (Longitudinalwellen)." (Mohr, S.18)

Ein geschulter Sänger kann die Masse der zur Schwingung verwendeten Stimmfalten variieren. Hierdurch ändert sich Klangfarbe und Lautstärke des Tones. Diese Variation wird als „Register" bezeichnet.

Andreas Mohr unterscheidet 5 verschiedene Stimmregister:
1. Brustregister: entsteht, wenn die gesamte Masse der Stimmfalten in Schwingung versetzt wird.
2. Kopfregister: entsteht, wenn die Stimmfaltenmuskulatur beim Tonerzeugungsvorgang kaum gespannt ist und fast nur die Ränder der Stimmfalten schwingen. Sie liegen lose aneinander und werden durch den leicht ausströmenden Atem in Schwingung versetzt.
3. Mittelregister: entsteht, wenn die Stimmfaltenmuskulatur anteilig angespannt ist und daher nur Teile der Muskulatur in Schwingung versetzt werden.
4. Falsettregister: nur in der Männerstimme. Die physiologische Funktion ist noch ungeklärt. Das Register schließt an die normale Männerstimme nach oben hin an.
5. Pfeifregister: nur bei Kinder- und Frauenstimmen. Die Stimmfalten sind stark gedehnt und führen nur sehr geringe Schwingungsbewegungen aus. Dabei schließen sie nicht ganz, so dass es in dem entstehenden Spalt zu Luftwirbelungen kommt.

2.1.3 Das Tonverstärkungssystem

Die Schwingungen, die an den Stimmfalten erzeugt wurden, setzen sich in Form von Longitudinalwellen durch die gesamte Luft im Atemsystem fort. Wird ein Raum, den die Luft durchströmt, in Eigenschwingung versetzt, entsteht Resonanz[2]. „Resonanzfähig sind sämtliche Hohlräume im Körper, die mit Luft gefüllt und an die Atmung angeschlossen sind:" (Mohr, S.20)

- Brustraum (Lunge, Luftröhre)
- Rachenraum
- Nasenraum
- Kehlkopf
- Schlundraum
- Mundraum
- Nasennebenhöhlen (u.a. Stirnhöhlen, Keilbeinhöhlen, Kieferhöhlen)

Der Mundraum unterscheidet sich hierbei durch seine mögliche Verformbarkeit von den anderen Resonanzräumen. Die Größe und

---

2 Musikalische Fachausdrücke werden im Glossar ab Seite 82 erläutert.

Gestalt des Mundraums lässt sich vielfältig verändern und dadurch seine Schwingungsfähigkeit beeinflussen. Für den Sänger ist das ein wichtiges Instrument um z.B. verschiedene Buchstaben zu artikulieren. (Vgl. Ehmann, S.24)

2.2 Kinderstimmbildung

Wichtig für das Singen ist eine richtige Haltung der Sänger, die Beherrschung der Atemtechnik und eine „saubere" Tonerzeugung durch das Zusammenspiel aller dieser Faktoren.

2.2.1 Haltung

Eine aufrechte, lockere Haltung trägt zur Ausnutzung aller Resonanzräume und zum unverkrampften Singen (denn für den Gesang arbeiten viele Muskeln zusammen) ebenso wie zur Nutzung des gesamten Luftvolumens im Körper bei.

Für das Erzielen einer guten Haltung gibt es vielerlei spielerische Übungen. Robert Göstl empfiehlt: „Man sollte am meisten auf guten Bodenkontakt (Knie nicht durchstrecken [und Füße parallel, leicht auseinanderstehend]), einen durch das Aufrichten möglichst „leichten" Oberkörper, und eine Kopfhaltung mit dem Hinterkopf als höchsten Punkt hinarbeiten." (Göstl, S.26)

Dabei können sich die Sänger z.B. als Marionette sehen, die zuerst reglos in ihren Schnüren hängt und dann von einem imaginären Spieler aufgerichtet wird. (Achtung: Der Faden ist bei der Marionette am Hinterkopf befestigt). (Vgl. Göstl, S.26). Da „die Musik ihrem Wesen nach ein schwebendes Körpergefühl erfordert, dient dazu besonders die Übung „Glocken-Läuten": sich mit geschlossenen Augen vorstellen, am eigenen Kopf aufgehängt zu sein." (Ehmann, S.15)

Letztendlich zielen diese Übungen darauf ab, sich frei und entspannt zu fühlen um wie selbstverständlich die Luft in sich einströmen zu lassen, die für das Singen notwendig ist.

Hinweis: Werden Lieder im Sitzen eingeübt, ist auf die gleiche „aufrechte" Haltung des Oberkörpers zu achten. Die Beine stehen fest auf dem Boden und knicken im 90-Grad-Winkel ab.

2.2.2 Atmung

„Die wichtigsten Ziele für Atemübungen sind: weite, staunende Öffnung des Ansatzrohres, möglichst bewusst gewordene Tiefatmung, lockeres Abspannen und sparsame Luftabgabe." (Göstl, S.28)

Beim Einatmen sollen sich die Lungenflügel weiten und das Zwerchfell nach „unten gehen". Dadurch wird die Luft tief in den Körper eingeatmet (Tiefatmung) und bildet eine gute Basis für das Singen. Außerdem drückt sie hierbei nicht auf die Luftröhre, die dadurch eng wird, und auf den Kehlkopf, was bei der „flachen" Atmung in die Brust der Fall ist. (Dies kann man bei Sängern einfach überprüfen: Wenn sich die Schultern heben, ist die Atmung falsch!)

Durch das Anspannen des Zwerchfells wird der darunter liegende Bauchraum verdrängt. Die Organe müssen sich an anderen Stellen Platz schaffen. Dies geschieht indem sich die Bauchwand nach vorne – also nach außen – bewegt und somit ein „dicker" Bauch entsteht.

Interessanterweise ist bei den meisten Sängern anfänglich der umgekehrte Vorgang zu beobachten: Beim Einatmen „geht" der Bauch nach innen. Anatomisch völlig unnormal!

Laut Gerd-Peter Münden (S.66) gelten für das Einatmen und für Atemübungen zwei Grundregeln:

1. Alle Atemübungen immer aus der Ruhe beginnen
2. Die Luft bei geöffnetem Mund durch die Nase staunend einfallen lassen

Eine gute Möglichkeit um den Atemimpuls vom Zwerchfell aus zu initiieren ist die Übung „Dampfeisenbahn": Mit den Lauten „tsch", „f" und „s" wird das Geräusch der Eisenbahn imitiert. Die Eisenbahn nimmt langsam Fahrt auf und wird immer schneller, dann wird der Zug wieder langsam abgebremst. Die oben genannten Laute aktivieren das Zwerchfell und jeder Sänger kann die Bewegung der Bauchdecke bei sich selbst nachvollziehen.

Viele Atemübungen lassen sich mit den Haltungsübungen kombinieren oder sind meist ohne die entsprechenden körperlichen Bewegungen gar nicht möglich. Aus der geschickten Kombination von guter Haltung und richtiger Atmung kann ein klarer, fester Ton entstehen.

2.2.3 Tonerzeugung

Einen Ton zu erzeugen stellt normalerweise für niemanden ein Problem dar, sei es nur z.B. einen Tierlaut zu imitieren, eine Sirene nachzumachen oder laut zu gähnen.

Um aber einen gezielten Ton hervorzubringen und den gleichen Ton mehrere Male hintereinander singen zu können, erfordert es einen gewissen „Stimmsitz", gekoppelt mit einer Vokal- oder Konsonantenbildung. „Mit Stimmsitz ist das direkte Ansteuern der richtigen Resonanzräume gemeint" (Münden, S.69) und die Vokalbildung erleben die Sänger am besten durch eigenes, angeleitetes Ausprobieren.

„Die Arbeit an den Vokalen sollte damit beginnen, dass die Kinder an sich selbst erfahren, wie der Vokal in ihrem Mund gebildet wird und welche Körperregionen dadurch zum Schwingen gebracht werden.(...) Helle (e, i) und dunkle (o, u) Vokale haben das neutrale a zum Ausgangspunkt. Bei ihm sollte der Mund weit geöffnet sein und die Zunge breit und entspannt an den [unteren] Schneidezähnen liegen. In Richtung o und u schließen sich die Lippen (Kussmund) immer mehr, der weite Innenraum des a bleibt erhalten. In Richtung e und i verändern sich die Lippen kaum, die Zunge stellt sich hinten langsam auf." (Münden, S.70)

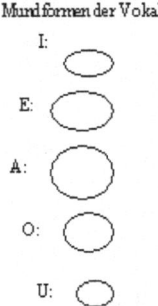

Abb.3: Aus: P.Nitsche

"Durch den Lippenring werden die Vokale enger oder weiter, jedenfalls aber rund geformt. Dadurch wird unter Beibehaltung der charakteristischen Klanggestalt jedes Vokals eine Verschmelzung des gesamten Vokalklangs erreicht der (...) Resonanzräume aufs glücklichste ergänzt." (P. Nitsche)

Bei der Konsonantenbildung werden drei Gruppen unterschieden:

1. Vollklinger: l, m, n, ng
2. Halbklinger: r, w, j
3. Konsonanten: b, p, s, sch, f, v, z, d, t, ch, g, k

Die Tonerzeugung stellt bei Kindern - insbesondere Jungen - während des Stimmbruchs („Mutation") große Schwierigkeiten dar: Bei Jungen tritt die Mutation während des 12.-14. Lebensjahres ein, bei Mädchen etwas früher. In der Mutationsphase wächst der Kehlkopf und die Stimmfalten nehmen an Länge und Masse zu. Hörbare Zeichen: Leichte Ermüdbarkeit der Stimme;

die Stimme klingt belegt, mitunter heiser und hat die Neigung zum Zutiefsingen. (Vgl. Göstl, S.42)

2.3 Stimm- und Sprechübungen

Häufige Stimm- und Sprechübungen fördern den Klang der Chorsängerstimme. Deshalb ist es wichtig zu Beginn jeder Chorprobe nach den Lockerungs- und Atemübungen mit Einsingübungen fortzufahren.

Literatur hierfür gibt es sehr viel. Ich verweise z.B. auf

- Ehmann/Haasemann: Handbuch der chorischen Stimmbildung
- Rainer Pachner: Vokalpädagogik
- Adolf Rüdiger: Stimmbildung im Schulchor[3]

Beginnen kann man mit Sprechübungen, die den Mundraum lockern oder gute Artikulation[4] erfordern und fördern, wie etwa die ständige Wiederholung der Buchstabenfolge P, T, K.

Da diese Buchstaben alle Konsonanten sind, werden sie tonlos gesprochen und nach und nach die Geschwindigkeit gesteigert.

Auch eignen sich sogenannte „Zungenbrecher" als Sprechübung wie: „Ein Kaplan klebt klebrige Pappplakate" oder „Fischers Fritze fischte frische Fische. Frische Fische fischte Fischers Fritze."

Diese Übungen machen den Kindern und Jugendlichen nach meiner Erfahrung sehr viel Spaß; es kann sogar ein richtiger Wettbewerb entstehen, wer die Sprüche am schnellsten ohne Fehler aufsagen kann.

Nach den Sprechübungen folgen Einsingübungen in den Tonlagen, die dem Alter der Kinder und Jugendlichen gerecht werden. Andreas Mohr (S.28) erläutert den Umfang der Stimmen in verschiedenen Entwicklungsstadien der Kinder:

- Kindergartenkind: $f^1 - e^2$
- Grundschulkind: $c^1 - f^2$
- Schulkind: $a - a^2$

---

3 Alle Literaturangaben hierfür auf Seite 86
4 Musikalische Fachausdrücke werden im Glossar ab Seite 82 erläutert.

Um den Tonumfang bei Schulkindern von a – a² auch wirklich problemlos zu erreichen sind langes Training und verschiedene Übungen erforderlich[5].

2.4 Weitere Determinanten mehrstimmigen Singens

Neben den hier beschriebenen physiologischen Determinanten des Singens und ihren Förderungsmöglichkeiten wird der Erfolg des Projektes entscheidend auch von psychologischen und soziokulturellen Determinanten geprägt und eingegrenzt.

a) Entwicklung genereller Singbereitschaft

1. Singen ist eingebettet in den Spracherwerb und somit in die Enkulturationsphase des Kleinkindes. Stimmkraft und Treffsicherheit werden bereits im frühen Kindesalter durch das Elternhaus geprägt. (Singen der Mutter in den ersten Lebensmonaten, Unterstützung der Lallgesänge des Säuglings, Singen während der oralen und analen Phase; vgl. Klausmeier, S. 45ff).

2. Auch der Verlauf der Adoleszenz in der die Stimmmutation, die Loslösung von den Eltern und die Orientierung in neuen Subkulturen stattfindet, hat nach Klausmeier seine Auswirkung auf Singverhalten und Singbereitschaft. Gerade in der Gruppe sind in dieser Zeit die Singhemmungen abhängig vom Gruppenzugehörigkeitsgefühl. Demnach könnte sich die Gruppenhomogenität auf Stimmklang und Treffsicherheit auswirken.

b) Entwicklung von musikalischer Hörfähigkeit.

Musikpsychologische Tests zeigen:

- Die Entwicklung der rhythmischen Wahrnehmung ist bis zum Eintritt in die Sekundarstufe[6] längst abgeschlossen. Insbesondere hinsichtlich rhythmischer Fähigkeiten (Tempo halten, Einsätze finden, rhythmische Reproduktionsgenauigkeit) sind dann auch unter erheblichem Aufwand nur geringfügige Verbesserungen zu erwarten. (Vgl. Abel-Struth, Groeben, S. 74)

---

5   Eine Auswahl an Stimmübungen ist auf den Seiten 62 bis 64 zu finden.
6   Bezeichnung für die Schulklassen 5 bis 10. Beim Eintritt in die Sekundarstufe sind die Kinder ca. 10 Jahre alt.

- Das melodische Reproduktionsvermögen wächst dagegen nach R.G. Petzold und A. Bentley vom 6. bis 11. Lebensjahr noch kontinuierlich. (Vgl. Abel-Struth, Groeben, S. 86)
- Das selektive Hören von Harmonien entwickelt sich noch etwas später. Hier sind nach Aussagen A. Bentleys gerade im Alter ab 11 Jahren Fortschritte zu erwarten. (Vgl. Abel-Struth, Groeben, S. 100)

2.5 Geschichtliche Aspekte des mehrstimmigen Singens

Mehrstimmigkeit definiert sich als „jede Art von Musik, in der, wenn auch nur zeitweise, zwei oder mehrere Töne zur gleichen Zeit erklingen" (Duden, S.212).

Speziell ist mit Mehrstimmigkeit – in dem Sinne wie sie heute verstanden wird – die in mehreren selbstständigen Stimmen geführte und als aufgeschriebene Komposition tradierte europäische Kunstmusik gemeint. „Eindeutig fassbar ist Mehrstimmigkeit erstmals in der frühen Organum-Lehre des 9. Jahrhunderts" (ebd., S.212). Als Organum wird ein lateinisches (religiöses) Musikstück bezeichnet zu dessen „Cantus firmus" (Hauptstimme) eine zweite Stimme erfunden wurde. Das Organum trat als Quintorganum (zweite Stimme verläuft stets im gleichen Abstand zur ersten; Quintabstand) oder als Quartorganum auf. (Melodie beginnt im Einklang, läuft während des Organums auseinander und führt am Ende wieder in den Einklang zurück.) (vgl. Duden, S.270)

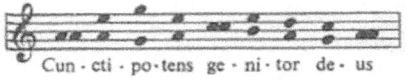

Abb. 4: Quartorganum. Aus: Lloyd, S. 408

Bis um 1200 bleibt das Organum das zentrale Feld der Entwicklung der Mehrstimmigkeit und wird um diese Zeit von der Nôtre-Dame-Schule (bezeichnet verschiedene Komponisten, die in der Kirche Nôtre-Dame in Paris tätig waren) abgelöst. Hier wurde die mehrstimmige Musik zur Vierstimmigkeit erweitert.

Formen der mittelalterlichen Mehrstimmigkeit sind der „Conductus", der „Discantus" und die „Motette" (wichtigste Gattung mehrstimmiger Vokalmusik seit dem 13. Jahrhundert). (Vgl. Duden, S. 224)

2.5.1 Homophonie

Die Mehrstimmigkeit lässt sich in Homophonie und Polyphonie unterscheiden. Homophonie bezeichnet dabei einen mehrstimmigen (Chor-)Satz „bei dem alle Stimmen einer melodieführenden Hauptstimme untergeordnet sind und rhythmisch gleich oder fast gleich gebildet sind. (...) Im homophonen Satz werden meist Hymnen und Choräle harmonisiert; man findet ihn aber auch in der barocken Tanzmusik, in den langsamen Sätzen der Klassik und in verschiedenen musikalischen Formen des 19. und 20. Jahrhunderts." (Lloyd, S.240)

In der modernen Popularmusik bewegen sich zweite und dritte Stimmen homophon oder manchmal leicht versetzt (sog. „Addlips") zu der Melodiestimme.

Abb. 5: Homophoner Chorsatz. Aus: Ars Musica, S.208

2.5.2 Polyphonie

„Polyphon nennt man diejenige Art des mehrstimmigen Satzes, in der nicht, wie im homophonen Satz eine Stimme die alleinige melodische und rhythmische Führung hat, sondern in der alle Stimmen melodisch und rhythmisch selbstständig geführt werden. (...)
Absoluter Höhepunkt der Polyphonie ist die barocke „Fuge" als (...) höchste satztechnische Meisterschaft. Der größte Meister des polyphonen Stils und der Fuge war Johann Sebastian Bach." (Lloyd, S.441)

Neben der Fuge ist besonders der „Kanon" eine Form der Polyphonie, die im Kinder- und Jugendchor gut angewendet werden kann:
Der Kanon gilt als die strengste Form der Polyphonie und entsteht dadurch, dass alle Stimmen nacheinander (also versetzt) die gleiche Melodie singen oder spielen, während die vorherigen Stimmen unbeirrt weitersingen. Beliebt sind besonders die Singkanons im Einklang und in der Oktav („Rundgesang").

In den Volksliedern und Kinderliedern wie auch in den neueren Kirchenliedern gibt es viele Beispiele für Kanons[7]:
- Der Hahn ist tot
- Lachend kommt der Sommer
- Bruder Jakob
- Himmel und Erde müssen vergehn´
- Vom Aufgang der Sonne
- Jeder Teil dieser Erde

In der aktuellen Popularmusik ist die Polyphonie ehr selten zu finden. (Z.B. bei „New York Voices" oder in dem Lied "All I have to do is dream".)

Abb. 6: Polyphoner Chorsatz. Aus: Ars Musica, S.202

---

[7] Einige Beispiele für 2- bis 4-stimmige Kanons stehen mit Noten auf Seite 66.

3. Didaktische und methodische Vorüberlegungen zu einem Projekt "Einführung von Mehrstimmigkeit"

3.1 Gliederung der wesentlichen Intentionen

Die zentrale Frage bei Planungsbeginn der Projekteinheit ist: Wie bringe ich den Sängern in welchen Lernschritten und durch welche Methoden das mehrstimmige Singen bei?

Es müssen Ideen entwickelt werden, um vom vorhandenen Leistungsstand der Kinder ausgehend auf spielerische und stimmbildnerische Art die Gesangsfähigkeiten der Sänger schrittweise weiter zu entwickeln, damit am Schluss der Projekteinheit das zwei- bis dreistimmige Singen bekannter und neuer Lieder stehen kann. Demnach muss das Projekt „Einführung von Mehrstimmigkeit in Kinder- und/oder Jugendchören" einen klaren, überschaubaren Aufbau vorweisen. Dabei gilt das Prinzip „Vom Einfachen zum Schweren":

1. Ein einstimmiger Gesang soll mit einem einfachen „Orgelpunkt" (liegender, durchgehender Ton) gesanglich begleitet werden. Danach erfolgt eine Begleitung mit zwei Tönen im Quintabstand (Bordun).

2. Die Förderung der Treffsicherheit und das konzentrierte Singen wird durch die Begleitung mit einer eigenständigen Melodie (Kanon, Quodlibet oder Ostinato) verbessert. (Polyphones Singen)

3. Der zwei- bis dreistimmige homophone Gesang einfacher Lieder und aktueller Songs über die Einführung der Unterterz ist das abschließende Lernziel.

(Hinweis: Das mehrstimmige homophone Singen verlangt einen sichereren Ton und ein noch genaueres Hören auf die jeweils andere Stimme, als es bei polyphonen Gesängen der Fall ist, deshalb sollte es in der Projekteinheit erst am Schluss stehen.)

Dieses einfache Raster muss nun mit Inhalten gefüllt und in einen sinnvollen Zeitplan integriert werden:

Ich selbst beginne jede Chorprobe mit Aufwärm- und Einsingübungen, woran ich gut mit meinem Projekt anknüpfen konnte, ohne dass die Schüler/Sänger sich an neue Arbeitsformen gewöhnen mussten: Die Einsingübungen wurden einfach um die entsprechenden Übungen für das mehrstimmige Singen erweitert.

Nicht jeder Chorleiter wird mit seinen Sängern Aufwärmübungen praktizieren, aber ich gehe

davon aus, dass zumindest Einsingübungen – in welcher Form auch immer – am Anfang einer Chorprobe stehen. Auch hier kann nahtlos angeknüpft werden.

Der Ablauf einer Chorprobe gestaltet sich demnach schematisiert jeweils folgendermaßen:

1. (Aufwärmübungen)
2. Einsingübungen
3. Einschub der Projektarbeit (vgl. Kapitel 5)
4. Singen von bekannten Songs oder Einüben neuer Lieder

Die Projektarbeit gliedert sich flüssig in den Probenablauf ein und sollte 40 Minuten (pro 90 Minuten Chorprobe) nicht übersteigen, damit auch noch genügend Zeit zum Liedersingen – dem Wesen eines Chores – bleibt.

3.2 Sekundäre Lernziele für die Sänger

Nicht nur das Mehrstimmige Singen kann als Ergebnis am Ende des Projektes stehen, sondern auch einige sekundäre Lernziele, die sich „nebenbei" bei der intensiven Arbeit mit den Sängern und deren Stimme ergeben. Der Lehrer oder Chorleiter sollte auf folgende Punkte bei allen Chorproben während des Projektes achten:

1. Die Sänger sollen durch gezielte Übungen ihren Stimmklang und Stimmsitz verbessern.

Dafür ist ein geschultes Ohr des Chorleiters nötig, um fehlerhafte Entwicklungen bei einzelnen Sängern individuell zu bereinigen. Es sollten ihnen spezielle Tipps oder Einzelproben angeboten werden, wenn die Fehlerbereinigung im Plenum nicht möglich ist.

2. Die Sänger sollen lernen, aufeinander zu hören und ihre Stimme dem Gesamtklang unterzuordnen.

Kein Sänger muss aus dem Chor besonders herauszuhören sein. Lautstarke Kinder müssen lernen ihre Stimme dem Gesamtklang anzupassen. Deshalb sollte der Chorleiter gezielt auf gesanglich laute Sänger achten und mit ihnen das Leise-

singen üben und sie animieren bewusst auf den linken oder rechten Nachbarn zu achten, ob sie ihn auch singen hören.

3. Die Sänger sollen durch das Singen und die chorischen Aktivitäten ihre sozialen Fertigkeiten verbessern.

Wie in Kapitel 2.4 erwähnt, schafft eine gute Chorgemeinschaft durchaus einen besseren Klang. Gerade Jugendliche sind häufig gehemmt, vor anderen Menschen zu singen und lassen aus der Angst heraus ihren Mund lieber zu oder singen ganz leise. Wenn sie sich innerhalb des Chores aber akzeptiert und aufgehoben fühlen und ihr Selbstbewusstsein durch Lob statt durch Tadel gestärkt wird, kann ein lauterer, homogener Chorklang erwirkt werden. Chorische Aktivitäten außerhalb der Proben, oder ein paar Kreisspiele vor der eigentlichen Probe – wie ich es bei Kinderchören gerne praktiziere – lockern die Atmosphäre innerhalb der Chorgemeinschaft.

4. Die Sänger sollen im spielerischen Umgang musikalische Begriffe und Noten erlernen.

Ich halte es für wichtig, dass jeder Sänger (ab dem Grundschulalter) das gesungene Lied in Notenform vor sich hat, nicht nur um den Text abzulesen, sondern auch um sich schrittweise mit den Noten vertraut zu machen. In den Übungen am Anfang der Chorprobe oder im Projekt kann auf Notenwerte, Tonhöhen, Pausen und Pausezeichen eingegangen werden und diese später im Notentext eines Liedes nochmals in der Praxis gezeigt werden. So müssen sich die Kinder nicht daheim mit Musiktheorie auseinander setzen, sondern erlernen im spielerischen Umgang Noten und musikalische Begriffe.

3.3 Methodische Überlegungen zu dem Projekt

Die Projekteinheit sollte, wie bereits in Kapitel 3.1 erwähnt, in den bisherigen Ablauf einer Chorprobe integriert werden, indem die Aufwärm-, und Einsingübungen gekürzt oder hinsichtlich der Projekteinheit modifiziert werden.

Ich erläutere nun im Folgenden, wie ich mir den ersten Teil (Aufwärm-/Einsingübungen und Projekteinheit) einer methodisch durchdachten Chorprobe vorstelle und wie ich sie auch selbst während der Durchführung dieses Projektes mit einem Schulchor praktiziert habe:

Wie bei Aufwärmübungen üblich, stehe ich als Übungsleiter frontal zu den Sängern und zeige die verschiedenen Übungen erst einmal selbst, bevor sie von den Kindern und Jugendlichen imitiert werden. Hierbei achte ich auf eine gute Körperhaltung und auf richtige Atmung sowohl von mir als auch seitens der Sänger. Die Sänger stehen bei diesen Übungen weit auseinander, damit sie sich bei den Übungen (wie z.B. „Windmühle" (Kreisen der Arme) oder „Hampelmann") nicht gegenseitig stören.

Nach diesen Übungen stellen sie sich in der Reihenfolge auf, wie sie später beim Singen sitzen. Mein Vorschlag: Jüngere hohe Stimmen (Sopran) sitzen vorne links, ältere hohe Stimmen hinten links. Tiefere Mädchenstimmen (Alt) sitzen vorne rechts und Jungen hinten rechts.

Ältere Sopranstimmen	Jungenstimmen
Jüngere Sopranstimmen	Altstimmen
Chorleiter	

Nun folgen Sprach- und Stimmübungen, die ebenfalls von mir vorgesprochen oder vorgesungen werden. Bei bekannten Singübungen gebe ich jedoch nur den Anfangston an, den Rest der Übungen führen die Sänger selbstständig aus.

Im weiteren Verlauf nehme ich das Klavier zu Hilfe, um zu überprüfen, in welchem Tonraum sich der Chor derzeit befindet. Darüber hinaus dient der Klavierklang als Stütze zur Tonerzeugung; die Kinder müssen jedoch so flexibel bleiben, dass sie einen Ton nicht nur vom Klavier aufnehmen können, sondern auch von dem Chorleiter oder einem Mitsänger.

Nach dieser Einstiegsphase in die Chorstunde schließt sich das entsprechende Thema des Projektes an. (Vgl. Kapitel 5) Die nun jeweils folgenden Übungen zur Entwicklung des mehrstimmigen Singens werden teils im Stehen, teils im Sitzen durch Tafelanschriften einzelner Übungstexte, Notenblätter mit Liedbeispielen, Bewegungselementen (z.B. ein Schritt nach vorne bedeutet einen Ton höher singen) oder Schließen der Augen, um sich auf den Klang zu konzentrieren, ausgeführt.

Für bestimmte Übungen oder Lieder werden auch Hilfsmittel wie das Klavier oder von den Sängern selbst gespielte Xylophone (zur Absicherung des Zwei- oder Dreiklangs) benutzt.

Die Übungen und Lieder werden manchmal in verschiedenen Gruppen getrennt ausgeführt, um frühzeitig die Teilung des Chores in mindestens zwei Stimmen zu verdeutlichen.

Zur Kontrolle der Ergebnisse und des Chorklanges lasse ich bei einigen Übungen ein Aufnahmegerät mitlaufen, das die Ergebnisse sowohl für mich als auch für die Kinder dokumentiert.

Nach dem Übungsblock folgt eine Entspannungsphase mit körperlicher Bewegung, Gähnen, Strecken, etc.

In der verbleibenden Zeit von etwa 30 Minuten je 1 ½-stündiger Chorprobe (Einsingübungen (ca. 15 Min.) und Projekt (ca. 45 Min.) = ca. 60 Min.) erarbeite ich neue Songs mit den Kindern oder wiederhole und verbessere bereits einstudierte Lieder.[8]

---

[8] Weitere methodische Abläufe zu den jeweiligen Projekteinheiten sind Kapitel 5 zu entnehmen.

4. Geeignetes Liedmaterial - Eine gute Liedauswahl trägt maßgeblich zu dem Erfolg des Projektes bei

Kinder und Jugendliche sind sehr schnell für eine Sache zu begeistern, wenn sie das Gefühl haben, sie passt in ihre Lebenswelt und macht ihnen somit Spaß. Ein Projekt, das sich mit dem Erlernen von mehrstimmigem Singen durch den Einsatz von Übungen und Liedern beschäftigt, muss eine Liedauswahl beinhalten, die aus dem Alltag der Schüler entnommen wird. Das Interesse am Singen steigt und fällt mit der Popularität oder Beliebtheit eines Songs, wie anhand der Auswertung eines Fragebogens (vgl. Kapitel 6.2) zu belegen ist. Im Alltag werden die Kinder und Jugendlichen in erster Linie mit Popularmusik aus Radio, Fernsehen (MTV, VIVA, Filmmusik) und CD-Player konfrontiert. Dabei ist das dargebotene Liedgut kommerziell orientiert und sehr kurzlebig.

Damit das Singen in einem Chor Spaß macht und die Kinder motiviert sind, ein Lied zu erlernen, muss es einen Bezug zu der Alltagswelt der Sänger aus oben genannten Medien haben. Denn sobald die Kinder und Jugendlichen von selbst motiviert sind, dieses oder jenes Lied von ihrem Popstar aus dem Fernsehen zu singen, geben sie sich besondere Mühe beim Erlernen.

Darüber hinaus werden für die Projekteinheit "Mehrstimmigkeit" aber Lieder benötigt, die zudem bestimmte Kriterien erfüllen müssen:

4.1 Lieder mit einer oder zwei Harmonien

Zu Beginn der Einheit sind Lieder sinnvoll, die auf einer oder maximal zwei Harmonien aufbauen, um daran „Orgelpunkt" und „Bordun" (vgl. Kap. 3.1) zu üben. Ich selbst empfehle hierfür das Lied **„Bruder Jakob"**, da es lediglich eine Harmonie (Tonika) zur Grundlage hat, und sowohl für den Orgelpunkt und den Bordun, als auch später als Kanon für polyphones Singen verwendet werden kann. Durch die verschiedenen Sprachen, in denen es gesungen werden kann, schafft es auch für Jugendliche trotz der einfachen Melodie einen Anreiz.

Ebenfalls auf einer einzigen Harmonie kann der Song **„Mercedes Benz"** von Janis Joplin aus dem Jahre 1970 gesungen werden. (Siehe

Seite 67.) Auch ein aktueller Rap, dem oft nur wenige oder auch nur eine Harmonie zugrunde liegt, könnte hier als Übungsstück dienen.

Als Lieder für die Anwendung des Borduns bzw. der Wechselquinte empfand ich das Spiritual „**Rock my soul**" (Seite 68) und den Popsong „**We will rock you**" (Seite 69) von der Band „Queen" (1977) als geeignet. Beide Lieder sind „peppig" und vermutlich vielen Sängern bekannt. (Ende 2004 machte z.B. ein großer Cola-Konzern Werbung mit dem „Queen"-Klassiker.) „We will rock you" beruht auf einer Harmonie (Tonika), „Rock my soul" auf zweien (Tonika, Dominante) und eignet sich damit für Übungen mit Basstonwechsel zwischen Grundton und Quinte (Wechselquinte).

Ebenfalls geeignet sind das Spiritual „**He´s got the whole world**" (Seite 70), das ähnlich wie „Rock my soul" zwischen Tonika und Dominante wechselt, und der deutsche Schlager „**Marina**" von Will Brandes (1960; Tonika, Dominante). „**Lady in Black**" von Uriah Heep (1971) wechselt zwar auch zwischen lediglich zwei Harmonien, aber hier zwischen I. Stufe (Tonika) und VII. Stufe. Ebenso ist „**Eleanor Rigby**" von den Beatles (1966) geeignet, aber auch hier findet kein Tonika – Dominant – Wechsel statt sondern ein Wechsel von I. Stufe zu VI. Stufe (Tonikaparallele).

Als weiteres Lied sei noch einmal „**Mercedes Benz**" genannt, weil an einigen Stellen innerhalb des Songs zur Dominante gewechselt werden kann.

4.2 Kanon – Quodlibet - Ostinato

Für das polyphone Singen werden einfache Kanons zum Einstieg benötigt. Hier bietet sich das oben genannte Lied „**Bruder Jakob**" an, da es schon häufig geübt wurde, und ggf. der Kanon „**Es tönen die Lieder**", wenn das Projekt – wie bei mir – im Frühling durchgeführt wird.

An Kanons wird es einem Chorleiter sicherlich nicht mangeln, weshalb ich hier nur wenige Auswahlmöglichkeiten aufführe:

„Himmel und Erde müssen vergeh´n", „Lachend kommt der Sommer", „Jeder Teil dieser Erde"[9] oder ein ganz einfacher Kinderkanon:

(Auch für Übungen mit Wechselquinte geeignet. Siehe Kapitel 4.1)

Als Quodlibet hatte ich selbst drei Stimmen (Instrumente) aus dem Lied „**Unser kleines Orchester**" von Willy Geisler (1962) ausgewählt. (Orgelpunkt „Horn" als Grundlage; siehe Seite 71), aber auch viele andere Lieder die die gleiche Harmoniefolge aufweisen, lassen sich hierfür nutzen (z.B. „**Heißa Kathreinerle**" mit „**O du lieber Augustin**") und besonders das Spiritual „**Heaven is a wonderful place**" (s. Seite 80), da es sowohl als Kanon als auch als Quodlibet gesungen werden kann . In der Popularmusik ist die Harmoniefolge

---

9 Notentext zu diesen Kanons auf Seite 66

„I. Stufe / VI. Stufe / IV. Stufe / V. Stufe" sehr beliebt und es gibt etliche Songs die nach diesem Harmonieschema komponiert sind und sich demnach zu einem Quodlibet verbinden lassen: Z.B. „**I like the flowers**" mit „**All I have to do is dream**".

Für die Begleitung mit einem Ostinato gibt es ebenfalls an eine große Auswahl an Songs. Da ich es für wichtig halte, dass die Lieder auf das Gefüge des Chores abgestimmt sind (vgl. Kap. 6), gebe ich hier auch nur einige Anregungen:

Der Refrain von „**Uptown Girl**" (Billy Joel, 1983; siehe Seite 72) eignet sich hervorragend für ein Ostinato mit Überstimme (Melodiestimme) ebenso wie der Refrain von „**Always look on the bright side of life**" (Monty Python, 1979; siehe Seite 73) oder „**Knocking on Heavens door**" (Bob Dylan, 1973 / Guns´n Roses 1991). Wenn in Ihrem Chor jemand gut rappen kann oder der Chor mit dem Singen von HipHop vertraut ist, könnte beispielsweise auch „**Gangsta´s Paradise**" von Coolio (1995) geübt werden, denn auch hier kann – wie auf Seite 74 gezeigt – ein einfaches Ostinato (Pattern) von dem Chor dazu gesungen werden.

4.3 Zweistimmige Lieder im Terzabstand

Für das homophone Singen von Terzen bedarf es besonderen Ansprüchen an die Liedauswahl, da das Lied eine Melodie aufweisen muss, zu der, harmonisch gesehen, während des gesamten Liedes eine zweite Stimme im Terzabstand gesungen werden kann.

Diese Anforderungen erfüllt das Lied „**Blowing in the wind**" von Bob Dylan – allerdings nur bedingt. An einer Stelle (Takt 14/15; siehe Seite 76) passt zu der vorgegebenen Harmonie keine Unterterz, so dass an dieser Stelle die Harmonie den Bedürfnissen des Terzsingens angepasst werden musste.

Weitere geeignete Lieder sind meine Eigenkomposition „**Wheel of Time**" (2003; Seite 77), bei der sich die Melodie im Refrain eine Terz tiefer als „Unterstimme" oder zweite Stimme singen lässt, „**Freiheit**" von Marius Müller-Westernhagen und „**Moonlight Shadow**" von Mike Oldfield (1983) – jeweils mit nur geringen Abänderungen vom parallelen Unterterzverlauf.

Diese Liedauswahl ist lediglich als ein möglicher Vorschlag zu sehen, denn, wie bereits erwähnt, ist es ratsam, die Projekteinheit mit aktuellen Songs aus Radio und Fernsehen zu bestücken, um einen besonderen Anreiz für die Kinder und Jugendlichen zu schaffen. Hier ist jeder Lehrer oder Chorleiter selbstständig gefragt, nach geeigneten, auf seinen Chor abgestimmte, Liedern Ausschau zu halten.

5. Ein Zyklus von sechs Chorproben zur Einführung der Mehrstimmigkeit

5.1 Strukturierung des Projektes in einzelne Einheiten

Nach Planung der Projektinhalte ergibt sich der zeitliche Rahmen von 6 Projekteinheiten (à ca. 45 Min.) innerhalb der Chorproben (= ca. 4-5 Zeitstunden), in denen die Sänger von dem einstimmigen Singen zum mehrstimmigen Singen geführt werden sollen. Jede Projekteinheit sollte innerhalb einer Chorprobe integriert sein. (Vgl. Kap. 3.1).

In der folgenden Übersicht werden erst einmal *kurz* die geplanten Themen und Ziele der einzelnen Proben aufgezeigt, im nächsten Kapitel dann ausführlich auf die jeweiligen Projekteinheiten und deren Durchführung eingegangen.

1. Einheit:
Thema: Erarbeitung eines Orgelpunktes zu einer bekannten Melodie

In dieser Einheit soll nichts anderes geübt werden, als das Singen eines durchgehenden Tones als Fundament zu einer bekannten Melodie. Die Melodie ist entweder aus einem schon gesungenen Lied entnommen oder die Melodie wird vor dieser Projekteinheit mit den Sängern eingeübt. Allerdings eigenen sich hierfür logischerweise nur Lieder, die auf einer oder zwei Harmonien beruhen. (Vgl. Kap. 4) Der durchgehende Orgelpunkt ist anfänglich getrennt zu üben.

Ich selbst verwendete die Lieder „Bruder Jakob" und „We will rock you".

Als Probenziele sollen die Sänger
- einen einzelnen Ton über einen längeren Zeitraum hinweg stabil singen.
- das Lied „Bruder Jakob" auswendig lernen und reproduzieren.
- einen Orgelpunkt als Begleitstimme zu einer bekannten Melodie (Bruder Jakob) halten.
- die Strophe von „We will rock you" mit einem weiteren Orgelpunkt begleiten und dann gemeinsam den Refrain des Songs singen.

2. Einheit
Thema: Harmoniegrundlage Bordun und Wechselquinte

Die zweite Einheit erweitert den liegenden Orgelpunkt (Grundton) um eine Oberquinte (7 Halbtonschritte vom bisherigen Ton nach oben) – „Bordun" genannt, oder um die Unterquinte (5 Halbtonschritte vom bisherigen Ton nach unten). Beide Töne sollen nun gleichzeitig von verschiedenen Gruppen des Chores über einen längeren Zeitraum (ca. 30 Sek.) gesungen werden. Dazu können Hilfsmittel wie Stabspiele (Xylophon, Metallophon), Flöten oder das Klavier verwendet werden um den Quintklang (Quartklang bei der Unterquinte) zu überprüfen und das Gehör der Sänger zu trainieren.

In einem nächsten Schritt kommt Bewegung in die bisher „starren" Töne: Grundton und Quinte werden in einem vorgegebenen Wechsel von einer Gruppe des Chores gesungen während eine zweite Gruppe ein geeignetes Lied dazu singt.

Ich verwendete hierfür die bereits bekannten Lieder „Bruder Jakob" und „We will rock you" sowie das Spiritual „Rock my soul".

Als Probenziele sollen die Sänger
- die Lieder „Bruder Jakob" und (einen Teil von) „We Will Rock You" singen und, unterstützt von einer Xylophonbegleitung, als 2. und 3. Stimme mit einem Bordun begleiten.
- einen reinen Quintklang ohne Hilfe eines Instrumentes erzeugen.
- das Spiritual „Rock my soul" singen lernen.
- zu dem Lied „Rock my soul" als 2. Stimme einen Wechselbass singen.

3. Einheit:
Thema: Einführung des polyphonen Gesangs

Kanon singen macht Spaß, ist aber – wenn er wirklich „gut" klingen soll – gar nicht so einfach mit Kindern zu praktizieren. Denn beim Singen eines Kanons dürfen sich die Sänger nicht von anderen Stimmen ablenken lassen, die gerade einen ganz anderen Text singen als man selbst. Ein sicheres einstimmiges Einüben des Kanons ist deshalb unumgänglich. Weitere „einfache" Möglichkeiten für polyphones Singen stellt das Erlernen von „Quodlibets" dar: mehrere verschiedene Lieder, die auf dem gleichen Harmoniemuster beruhen werden parallel zueinander von verschiedenen Gruppen des Chores gesungen, oder die Kinder singen ein Begleitostinato zu einem bekannten bzw. geübten Lied. Kanons können schließlich über das zweistimmige Singen hinaus bis zu vier- oder sechsstimmig, je nach Fähigkeiten des Chores und Möglichkeiten des Kanons, praktiziert werden.

Ich verwendetet die Kanons „Bruder Jakob" und „Es tönen die Lieder" und das Quodlibet „Unser kleines Orchester".

Als Probenziele sollen die Sänger
- das Lied „Bruder Jakob" als zweistimmigen Kanon mit unterschiedlichen Einsatzpunkten singen.
- den Kanon „Es tönen die Lieder" auswendig lernen und zweistimmig wiedergeben.
- anhand des Erlernens von drei verschiedenen kurzen Liedern ein Quodlibet mit Orgelpunkt, Wechselquinte und Melodiestimme präsentieren.
- erstmals einen Kanon (Bruder Jakob) vierstimmig singen lernen.

4. Einheit:
Thema: Singen in Terzen

Das Singen in Quinten wurde bereits in der zweiten Einheit geübt. Jetzt rücken die Töne näher zusammen und es soll das Singen in Terzen (3 bis 4 Halbtonschritte über oder unter dem Melodieton) versucht werden. Je näher die Töne aneinander liegen, umso schwieriger wird es für Kinder und Jugendliche, diese auseinander zu halten. Deshalb steht das vermeintlich einfache Singen in Terzen (Homophonie) erst an vierter Stelle der Projekteinheit.

Trotzdem soll bereits in dieser Einheit ein Lied zweistimmig in Terzen gesungen werden. Allerdings empfehle ich dabei einen kleinen Trick: Die zweite Stimme (also die Über- oder Unterterz zur Melodiestimme) wird unabhängig von dem eigentlich zu singenden Lied als eigenständige Melodie mit extra Text geprobt. Erst später wird dem Chor verraten, welches – vermutlich bekannte - Lied sich dahinter verbirgt und beide Stimmen werden zusammengeführt.

Ich selbst verwendete hierfür eine leicht modifizierte Version des Songs: „Blowing in the wind".

Als Probenziele sollen die Sänger
- einen sicheren Terzklang erzeugen, indem eine Gruppe den Grundton und eine andere Gruppe die Terz darüber singt.
- den Übungssong „I know the way" (s. S. 44) auswendig lernen und vortragen.
- das Lied „Blowing in the wind" singen.

- „Blowing in the wind" zweistimmig, homophon in paralleler Terzbewegung reproduzieren.

5. Einheit:
Thema: Singen eines polyphonen Liedes aus der Popularmusik

In dieser 5. Einheit löst sich die Entwicklung des mehrstimmigen Singens von reinen Übungen und speziellen Übungsstücken und setzt an Stellen in Liedern an, die für die weitere Chorarbeit relevant sind bzw. sein können.

In ausgewählten Songs sollen erst einmal einzelne Stellen mehrstimmig (polyphon) gesungen werden. Auch hier erachte ich es als sinnvoll die Polyphonie vor der Homophonie einzuführen, wie in der 4. Einheit bereits begründet.

Als Lied verwendete ich den Titelsong aus dem Film „Notting Hill": „When you say nothing at all"[10].

Als Probenziele sollen die Sänger
- die Überstimme und Melodiestimme aus der Coda von „When you say nothing at all" getrennt, unter Benutzung von Hilfsübungen, singen.
- beide Stimmen simultan in zwei Chorhälften reproduzieren.

6. Einheit:
Thema: Singen homophoner Lieder aus der Popularmusik

Vorausgesetzt das polyphone Singen in der letzten Projekteinheit führte zu einem positiven Ergebnis kann nun das zweistimmige homophone Singen von einzelnen Stellen oder dem Refrain in einem Lied angegangen werden. Es ist nicht schlecht die entsprechenden Unter- oder Überstimmen als eigenständiges Lied, wie in Einheit 4 praktiziert, vor dem eigentlichen mehrstimmigen Singen einzuüben und natürlich die Hauptstimme der mehrstimmig zu singenden Songs bereits bestens geprobt zu haben.

Den genauen Ablauf hierzu zeige ich in dem folgenden Kapitel auf.

Als Lieder verwendete ich „Ein Traum wird wahr" (Titelsong des Filmes Aladdin; siehe Seite 79) und die Eigenkomposition „Wheel of Time" (S. 77).

Als Probenziele sollen die Sänger

---

10 Noten der Coda von „Nothing at all" auf Seite 78.

- gemeinsam mit dem Chorleiter durch Hilfestellung einen kurzen Text für eine Melodie an einer Tafel oder auf einem Papier entwickeln und singen lernen.
- die Coda von „Ein Traum wird wahr" zweistimmig singen.
- eine Unterterz zu „Wheel of Time" erlernen und versuchen mit der Melodiestimme zu kombinieren.

5.2 Ausführliche Anleitung und Dokumentation eines möglichen Projektverlaufes

Zum Gelingen des Projektes „Einführung der Mehrstimmigkeit" in einem Chor trägt nicht nur der kompetente Chorleiter, die geeignete Liedauswahl und die sozialen Strukturen im Chor bei, sondern maßgeblich auch die Motivation der Kinder und Jugendlichen, sich auf ein solches Projekt einzulassen. Frühzeitig muss der Chorleiter pädagogisch sinnvoll darauf hinweisen, dass ein entsprechendes Projekt ansteht, z.B. mit Aussagen wie: „Diese Projekteinheit wird den Chorklang und die stimmliche Qualität des Einzelnen ein ganzes Stück verbessern". Denn wer ist nicht gewillt noch schöner singen zu wollen und zu können, damit das Publikum mehr Lob und Applaus spendet und eine klangliche Entwicklung im Chorgesang bemerkt, was letztendlich auf die Sänger zurückfällt und diese wiederum motiviert zu singen?

Die folgenden Ausführungen beruhen auf eigenen Erfahrungen mit einem Chor und können in dieser Form direkt übernommen werden. Alle Übungen und Lieder zu dem Projekt stehen entweder innerhalb der Projektbeschreibung auf den folgenden Seiten oder in den Kapiteln 8 und 9 dieses Buches und können unverändert verwendet werden.

5.2.1 Beschreibung der ersten Einheit:
„Erarbeitung eines Orgelpunktes zu einer bekannten Melodie"

Material:
Noten von „Bruder Jakob" und „We will rock you" (o.Ä.), evtl. CD von „We will rock you", Klavier oder Keyboard.

Ablauf:
Die erste Chorprobe, in die das Projekt integriert wird, beginne ich mit den Aufwärmübungen Nr. 1-3 (Schulterkreisen, Kopfkreisen und Brust- und Rückenklatschen; siehe Anhang S. 60)

Danach folgen fünf verschiedene Einsingübungen, die auf den Seiten 62 und 63 unter der Nummer 1-5 stehen. Für die heutige Chorprobe ist besonders die Übung 4 wichtig, die alle Vokale hintereinander auf einem Ton singen lässt.

Übung 4: Vokalausgleich

Töne langsam ineinander übergehend singen. Übung stufenweise aufsteigend wiederholen bis etwa c''.

a e i o u

Diese Übung dient als Vorstufe für das Singen des Orgelpunktes. Alle Einsingübungen enden im Singen und Festigen des Tones, der später als Orgelpunkt zu dem ersten Lied gesungen werden soll. Ich empfehle den Ton „d'" (oder auch d^1 genannt). Hier ist es sehr wichtig auf die „Reinheit" des Tones zu achten und Sänger zu korrigieren, die unrein singen, denn wenn nicht schon an dieser Stelle auf einen guten Klang geachtet wird, ziehen sich Unreinheiten und Fehler beim Singen durch das ganze Projekt. Wenn ein Kind den vorgegebenen Ton nicht nachsingen kann, könnte es diesen z.B. durch das Imitieren einer Sirene, in deren Spektrum der gesuchte Ton liegt, finden.

Spiel:
Wie sicher der Ton von den einzelnen Sängern gesungen wird, versuche ich über ein Spiel heraus zufinden: Alle Mitglieder des Chores halten den vorgegebenen Ton, während der Chorleiter durch die Chorreihen geht und versucht die Sänger durch verschiedene Mimiken oder Bewegungen abzulenken. Wer dabei lacht oder seinen gehaltenen Ton „verliert" muss sich setzen. Derjenige oder diejenigen die am Ende des Spieles noch stehen, haben gewonnen, weil sie am sichersten „ihren" Ton gesungen haben. Das Spiel spornt die Leistung der Kinder an.

Nun wird ein erstes Lied eingeübt, das auf nur einer Harmonie beruhen sollte. Ich empfehle hierfür, wie bereits erwähnt, das Lied „Bruder Jakob" (siehe Seite 26), da es erstens bekannt sein dürfte und zweitens im späteren Verlauf des Projektes als Kanon verwendet werden kann.

Sollte das Lied auf Unmut stoßen, bietet sich die Möglichkeit an, es z.B. auf englischem oder französischem Text zu üben, was einen besonderen Anreiz darstellen wird.

Wenn das Lied auswendig und fehlerfrei vom Chor praktiziert wird, teilt der Chorleiter den Chor und lässt die eine Hälfte nur den Grundton „d´´" singen während die zweite Hälfte dazu „Bruder Jakob" singt. Ein erstes zweistimmiges Singen ist geschafft. Beide Chorgruppen sollten sich mit dem Lied und dem Orgelpunkt abwechseln, um den liegenden Ton mit allen Sängern zu üben.

Wenn das zweistimmige Singen erfolgreich war kann nun ein weiteres Lied mit Orgelpunkt geprobt werden. Ich selbst habe dazu „We will rock you" der Band „Queen" verwendet, aber es kann natürlich auch ein anderes Lied aus Kapitel 4 oder nach persönlichem Ermessen ausgewählt werden.

Wenn es ein Rock- oder Popsong wie „We will rock you" ist, bietet es sich an, diesen erst einmal von CD oder einem anderen Tonträger vorzuspielen, um den Sängern einen Eindruck von dem Lied zu geben und sie wiederum zu motivieren.

Da dieses Lied nicht so einfach wie „Bruder Jakob" ist, wird längeres Üben notwenig sein. Alternativ kann der Chorleiter erst einmal das Singen der Strophen übernehmen und der Chor beschränkt sich auf den Refrain.

Zu den Strophen und dem Refrain singt nun ein Teil des Chores wiederum einen Orgelpunkt, diesmal auf „c´´´" – dem Grundton des Liedes. Auch hierbei sollten sich beide Chorgruppen mit Lied und Orgelpunkt abwechseln!

Schwierigkeiten könnte bei diesem Song der Rhythmus machen, weshalb ein Singen zu laufender CD – soweit vorhanden – nicht falsch wäre.

War auch hier das zweistimmige Singen erfolgreich, kann die erste Projekteinheit an dieser Stelle beendet werden. Das Üben der Mehrstimmigkeit mit einem dritten Lied halte ich in dieser Chorprobe nicht für ratsam, da die Konzentration der Kinder nach zwei ausführlich geprobten Übungsliedern deutlich nachlassen wird. Gerne kann aber eine Übung mit liegendem Orgelpunkt bei Bedarf in der folgenden Chorprobe aufgegriffen werden.

5.2.2 Beschreibung der zweiten Einheit: „Harmoniegrundlage Bordun und Wechselquinte"

Material:
Stabspiele wie Xylophon oder Metallophon, Noten von „Bruder Jakob", „We will rock you" und „Rock my soul", zwei verschiedenfarbige Karten, Klavier oder Keyboard.

Ablauf:
Am Anfang der zweiten Chorprobe im Rahmen des Projektes beginne ich mit den Aufwärmübungen Nr. 2-4 (Kopfkreisen, Brust- und Rückenklatschen und „Schulterpressen") und den Einsingübungen Nr. 5-9 (siehe Seite 53 u.54).

Danach sollen die Sänger auf Bekanntes zurückgreifen und einen einzelnen, „stabilen", „reinen" Ton singen, so wie es in der letzten Chorprobe geübt wurde. (Z.B. auf d´)

Der Chorleiter kann die Stabilität überprüfen, indem er z.b. auf dem Klavier eine Melodie über den gesungenen Ton improvisiert, ohne dass die Sänger ihren Ton verlieren. Wird der Ton sicher von allen Sängern reproduziert, führt der Chorleiter die Quinte zu dem gesungenen Ton ein. (Z.B. a´) Hierzu kann die Übung Nr.9 sehr hilfreich sein, in der erst einmal der unterste und oberste Ton betont werden und schließlich die Mitteltöne ganz weggelassen werden.

Übung 9: Lockerung der Kiefermuskulatur

Besonders bei dem „ja" muss sich der Kiefer bewegen. Übung chromatisch aufwärts wiederholen bis etwa b´ (Ausgangston).

du - - - - - ja - - -

Kann der Chor die beiden Töne (d´ und a´) im Wechsel singen, werden die Sänger in zwei Gruppen geteilt. Die erste Gruppe singt den Grundton, die zweite Gruppe die Quinte – immer noch im Wechsel. Erst wenn diese Übung sauber funktioniert, singen beide Chorhälften „ihre" Töne gleichzeitig. Es sollte ein offener Quintklang entstehen.

Da die Quinte ein nicht einfach zu singendes Intervall darstellt, kann an dieser Stelle ein Instrument zu Hilfe genommen werden, um den Klang zu unterstützen. Ich empfehle für Kinder ein Stabspiel wie etwa „Xylophon", „Metallophon" oder „Glockenspiel" oder zwei Blockflöten. Wenn jemand aus dem Chor Violine spielt, eignet sich diese ebenfalls, da die Saiten der Violine schon in Quinten gestimmt sind.

Beide Chorhälften sollten - wie immer - ihre Stimmen tauschen und gut auf ihren eigenen Klang und den Klang der Instrumente hören.

Die Instrumente können aufhören zu spielen, wenn der Chorleiter den Eindruck hat, die Sänger schaffen es, die Töne auch ohne Unterstützung durch Musikinstrumente zu halten.

Die zwei Chorgruppen werden nun in drei Gruppen eingeteilt, da über den Bordun (Grundton – Quinte) das Lied „Bruder Jakob" gesungen werden soll.

Die gleiche Übung kann mit dem Lied „We will rock you" (evtl. mit rhythmischem Klatschen) oder einem andern Lied, das auf einer einzigen Harmonie beruht, geprobt werden.

Der nächste Schritt zum mehrstimmigen Singen wird durch einen Wechselbass geübt:

Dazu erlernt der Chor z.B. das Spiritual „Rock my soul", welches lediglich zwei Harmonien (Tonika und Dominante) zur Grundlage hat.

Erst wird das Lied mit Text und Melodiestimme geprobt, dann folgt eine kurze Übungsphase in der anstatt des bereits bekannten Singens einer Quinte aufwärts nun die Unterquinte (eigentlich die Quarte unter dem Grundton) eingeübt wird. (Falls Sie das Lied „Rock my soul" verwenden, wären es in diesem Falle die Töne e´ und h (kleines „h")).

Dieses Intervall dürfte den Sängern bereits aus mehreren Liedern bekannt sein, wie etwa dem Anfang von „Eine Kleine Nachtmusik" (Mozart) oder dem Lied „Morgen Kinder wird´s was geben".

Die Kinder können mit kleinen Schritten durch den Klassenraum stampfen, während sie die Töne „h" und „e´" abwechselnd auf den Wörtern „don" oder „bum" singen, denn das kurze Singen der Töne auf „bum" verbinden Kinder mit Schritten oder Schlägen.

Statt der Silbe „bum" führte ich nun das Wort „Rock" – passend zu dem Titel des Stückes – ein. Und anstatt die beiden Töne abwechselnd zu singen, musste nun viermal „Rock" auf dem Ton „e", viermal „Rock" auf dem Ton „h", wieder viermal auf dem Ton „e", dann zweimal auf „h" und einmal auf „e" gesungen werden. (Siehe Abdruck des Liedes auf Seite 68).

Da dieses System (4/4/4/2/1) etwas kompliziert ist, sind Farbkarten eine gute Hilfe: Immer wenn ein Tonwechsel stattfindet, hält der Chorleiter eine andere Farbkarte in die Luft. Bei z.B. einer gelben Karte muss der höhere der beiden Töne, also „e", bei einer schwarzen Karte der tiefere Ton „h" gesungen werden.

Durch diese Stütze funktioniert das Wechseln der Töne zu dem nun gesungenen Lied „Rock my soul" nach meiner Erfahrung sehr gut, was ohne Kartenunterstützung schwierig sein könnte.

Damit ist sowohl das Ziel des begleitenden Singens eines Borduns zu verschiedenen Liedern, als auch das Wechseln der Töne von Grundton zu Quinte als Begleitmuster erfüllt.

5.2.3 Beschreibung der dritten Einheit: „Einführung des polyphonen Gesangs"

Material:
Noten von „Rock my soul", „Bruder Jakob" und „Es tönen die Lieder" bzw. „Uptown Girl" (o.Ä.); Klavier oder Keyboard.

Kurze Einführung:
Die Polyphonie wurde im Barock als die höchste und schwierigste Form der Komposition gesehen und jeder Komponist, der „etwas auf sich hielt", schrieb polyphone Musikstücke, seien es Ricercars, Fughetten, Fugen oder Kanons. Die berühmtesten und kunstvollsten Werke darunter sind „Ein musikalisches Opfer" und „Die Kunst der Fuge" von Johann Sebastian Bach. Für Pianisten sind diese Kompositionen eine große Herausforderung, da sie viel Können erfordern. Im Chorgesang dagegen ist eine polyphone Komposition meist einfacher zu singen als eine homophone – insbesondere wenn es sich um einen Kanon in der Form des Rundgesangs handelt, worunter die meisten vokalen Kanons fallen, wie auch „Bruder Jakob" und „Es tönen die Lieder".

„Bei diesen Gesängen tritt jede Stimme in derselben Tonhöhe versetzt in den Gesang ein und verläuft ohne Abweichung in Rhythmus und Tonhöhe der Leitmelodie" (Lloyd, S. 274).

Wenn Kinder erst einmal ein Lied intensiv gelernt haben (wie z.B. „Bruder Jakob"), lassen sie sich nicht so leicht vom Singen ablenken; auch dann nicht, wenn einige andere Sänger versetzt mit dem gleichen Lied einsteigen, denn die Konzentration liegt in der Polyphonie auf der Eigenständigkeit der Stimmen, auf dem exakten Singen der sukzessiven Intervalle des Melodieflusses und auf dem Rhythmus, der vom Dirigent bzw. Chorleiter vorgegeben wird. Solange die Sänger ihre eigene Stimme – und die der Mitsänger, die den gleichen Stimmeinsatz haben – gut hören, ist der Gesang sicher und sauber, egal ob eine zweite oder dritte kanonische Stimme im Raum gesungen wird.

(Im homophonen Gesang liegt die Konzentration in erster Linie auf dem simultanen Klang der Intervalle zweier oder dreier Stimmen, was wesentlich schwieriger ist.)

Dieses Prinzip funktioniert auch bei dem gleichzeitigen Singen verschiedener Lieder, welche dieselbe Harmoniestruktur aufweisen (Quodlibet).

Kinder sind gewohnt, sich mit ihrer Stimme gegen andere Stimmen auf dem Schulhof, in der Familie oder unter Freunden durchzusetzen und ihre Meinung kund zu tun. Nichts anderes ist das zeitgleiche Singen mehrerer Lieder oder eines Kanons – vorausgesetzt, die einzelnen Lieder werden von den Kindern sicher beherrscht und der Chorleiter gibt ein Metrum vor, damit der Gesang nicht „aus dem Ruder läuft".

Für die Auswahl des Liedes „Unser kleines Orchester" sprach zusätzlich noch eine Besonderheit: Hier können Wechselquinte („Die Pauke") und Orgelpunkt („Das Horn") mit einer dritten Melodie („Die Klarinette") zu einem polyphonen Lied verknüpft und dabei Gelerntes und Neues miteinander verwoben werden.

Mit einfachen Kanons und Quodlibets lässt sich also mehrstimmiges Singen auf spielerische Art erwirken und bietet eine gute Vorübung für das spätere homophone Singen von Songs.

Ablauf:
Zum Einstieg in die dritte Projektarbeit wiederholt der Chor nach den Aufwärmübungen Nr. 5-7 (Hüpfen, Strecken und Zusammensacken und das „Eisenbahnspiel") und den Einsingübungen Nr. 6-10 in Sopran und Alt geteilt das Spiritual „Rock my soul" mit entsprechender Begleitung durch eine gesungene Wechselquinte.

Danach wird nochmals Bezug auf die letzte Probe genommen, allerdings mit der Intention, das Lied „Bruder Jakob" nun nicht mehr als „Lied mit Orgelpunkt" oder „Bordunbegleitung" zu singen, sondern als mehrstimmigen Kanon.

Hierzu beginnt eine Gruppe mit dem Singen des Kanons, während eine zweite Gruppe erst nach vier Takten mit dem gleichen Lied einsteigt (bei: „Hörst du nicht..."). Der Chorleiter kann die Reinheit des Gesanges durch diesen Einstiegspunkt jeweils bei den Wörtern „Glocken" bzw. „Jakob" überprüfen, da an dieser Stelle alle Kinder die Töne „fis" und „a" singen. Auf Zeichen des Leiters bleiben beide Gruppen auf ihrem jeweiligen Ton stehen und halten ihn, bis der Chorleiter das Lied „abwinkt".

In einem zweiten Durchgang steigt die zweite Gruppe bereits zwei Takte nach der ersten Gruppe mit ihrem Gesang ein, so dass sich hier schon ein Terzklang bildet, der Thema in der nächsten Einheit sein wird.

Auf Wunsch kann dieser Kanon sogar schon vierstimmig versucht werden. Der Chorleiter sollte hierfür ein klares Metrum vorgeben und jeder Gruppe bei ihrem Einsatz helfen.

Ein zweiter Kanon (z.B. „Es tönen die Lieder"), der erst einmal einstimmig von dem gesamten Chor erlernt wird und danach zwei- bis vierstimmig gesungen werden kann, oder ein Lied mit Ostinato (z.B. „Uptown Girl"; siehe S. 72), dient zur Festigung des polyphonen Singens.

Um neben dem Singen von Kanons Abwechslung in die Chorprobe zu bringen, erklärt der Chorleiter, dass der Chor nun in ein „lebendiges Orchester" verwandelt wird.

Dazu lernen die Sänger drei verschiedene „Lieder": 1. Das Lied von der Pauke, 2. Das Lied von der Klarinette und 3. Das Lied vom Horn. (Siehe Seite 71).

Wenn alle drei Lieder gut und flüssig gesungen werden können, fügt der Chorleiter erst die Pauke und das Horn, danach noch die Klarinette als „Orchester" zusammen und lässt alle Lieder gleichzeitig von drei verschiedenen Gruppen singen. (Quodlibet). Der Chorleiter selbst kann bei erfolgreichem Singen noch ein weiteres „Instrument" übernehmen und singen. (Z.B. die „Geige".)

Mit diesem Quodlibet endet die Projekteinheit für die dritte Probe, da alle Lernziele erreicht sind und die Sänger bestimmt bereits ca. 45 Minuten an der Entwicklung der Mehrstimmigkeit gearbeitet haben.

5.2.4 Beschreibung der vierten Einheit: „Singen in Terzen"

Material:
Hilfssong „I know the way", Noten von „Blowing in the wind", Klavier oder Keyboard.

Kurze Einführung:
Mit dem Thema der vierten Einheit, „Singen in Terzen", wird erstmals eine – für unsere heutigen Ohren – „wohlklingende" zweite Stimme in Terzlage eingeführt. Bis ins 16. Jahrhundert wurde die Terz noch als Dissonanz empfunden und selten simultan praktiziert. (Vgl. „Organum") Da aber die Terz heute nicht nur im klassischen Chorgesang sondern auch in der Popularmusik sehr geläufig ist, ist diese Stunde ein wichtiger Schritt zum zweistimmigen homophonen Singen.

Die kleine Terz ist bereits in der kindlichen Sprechstimme präsent (z.B. „Mama" – kleine Terz nach unten) und darüber hinaus bei Erwachsenen in der Sprachmelodie zu hören (z.B. bei einem Fragesatz – am Ende eine kleine Terz nach oben.)

Für das zweistimmige Singen ist das Hinzufügen einer sogenannten „Unterterz" (große oder kleine Terz entsprechend dem Harmoniegefüge des Liedes; unterhalb der Melodiestimme) die einfachste Methode eine zweite Stimme zu „erfinden". Sie ist im Rhythmus und zur Textverteilung der Melodiestimme völlig identisch und bedarf demnach „lediglich" einer melodischen Einübung.

Trotz dieser einfachen Vorgehensweise erweckt das Ergebnis des Terzsingens bei dem Rezipienten ein neues Hörerlebnis und meist eine positivere Einstellung dem Gehörten gegenüber.

Für die Sänger bedeutet das Singen in Terzen allerdings eine nicht zu unterschätzende Herausforderung, da gerade die nah beieinander liegenden Stimmen für ungeübte Ohren gesanglich schlecht zu unterscheiden sind. Gerne „rutscht" die zweite Stimme zurück in die Melodiestimme, ohne dass dies dem Sänger bewusst wird. Häufiges Proben und verschiedene Vorübungen zum Singen in Terzen sind deshalb notwendig. Besonders das gegenseitige Hören aufeinander ist hierbei zu beachten.

Ablauf:

Der geschickteste Weg auf die Terz als simultanes Intervall zu gelangen, ist eine Ableitung aus den Einsingübungen, die bei den Sängern präsent sind.

Deshalb werden zu Beginn der Chorprobe besonders diejenigen Einsingübungen favorisiert, die sich im Terzraum bewegen oder um die Terz kreisen (Übungen 1,2,5,6 und 9). Übung 5 eignet sich in besonderem Maße, da hier vom Grundton bis zur Terz gesungen wird. In zwei Gruppen geteilt singt der Chor die Übung erst einmal gleichzeitig und gibt dabei Impulse auf den ersten und dritten Ton (Grundton/Terz) der Übung.

Übung 5: Leichte Tonansätze in der Tiefe

Leise singen, runder Mund. Übung chromatisch abwärts wiederholen bis etwa a (Ausgangston).

In einem weiteren Durchgang steigt die zweite Gruppe um zwei Töne versetzt zur ersten Gruppe mit der Übung ein, so dass die zweite Gruppe den Grundton singt, während die erste schon die Terz erreicht hat. Bei dem mehrmaligen Wiederholen der versetzten Übung bildet sich auf spielerischem Weg jeweils abwechselnd ein Terzklang.

z.B. erste Gruppe: c –d– |e| –d – |c|– d – |e|–d –|c|

zweite Gruppe: |c| –d – |e|– d – |c|–d –|e|–d –c

Im nächsten Schritt verharrt der Chor jeweils auf den gebildeten Terzen und singt diese dann unabhängig von der genannten Übung auf Vorgabe des Chorleiters. Hierbei kann sowohl das Klavier, als auch die menschliche Stimme zur Vorgabe benutzt werden.

Den Kindern wird nun der (Hilfs-)Song „I know the way" ausgeteilt, ohne Hinweise auf ein anderes Lied zu geben. (Die Melodie des Songs ist die Unterterz zu dem Lied „Blowing in the wind", mit neuem Text versehen.) Das Lied lernt der gesamte Chor auswendig, so dass die Sänger auf ihr Notenblatt verzichten können.

Bei meiner Durchführung erweckte das kurze englische Lied das Interesse der Sänger. „Was sollen wir mit diesem Lied machen?" lautete die Frage eines Kindes. Da ich die Antwort erst einmal schuldig blieb, konnte die Spannung gehalten werden. Beim Austeilen des nächsten Liedes „Blowing in the wind" stellten einige pfiffige Kinder eine Verbindung zwischen dem vorherigen und dem jetzigen Lied her, da der Rhythmus und die Notenwerte gleich sind.

Die Melodie wurde in den Takten 14 und 15 leicht abgeändert (siehe Seite 76), damit während der gesamten Strophe eine Unterterz als zweite Stimme gesungen werden kann. Nachdem der Song einstudiert ist, erfolgt die Synthese beider Songs zu einem zweistimmigen Lied mit geteiltem Chor in Sopran- und Altstimmen. Der Chorleiter gibt dazu beiden Stimmen ihren Anfangston vor und lässt den Chor nun auf den Text von „Blowing in the wind" beide Melodien synchron singen.

Falls der erste Durchgang missglückt, kann dies z.B. daran liegen, dass beide Chorstimmen zu nahe bei einander sitzen und sich gegenseitig ablenken. Setzen Sie die Gruppen auseinander und versuchen Sie das zweistimmige Lied erneut.

5.2.5 Beschreibung der fünften Einheit: „Singen eines polyphonen Liedes aus der Popularmusik"

Material:
Noten von „Nothing at all" (o.Ä.), Klavier oder Keyboard.

Ablauf:

Die fünfte Einheit beginnt mit den Aufwärmübungen Nr. 2-6 (Kopfkreisen, Rückenklatschen, Schulterpressen, Hüpfen und Strecken) und den Einsingübungen Nr. 6 bis 10.

Ein Lied aus der vorletzten Einheit könnte nun als Einführung dienen (z.B. „Bruder Jakob" als Kanon) damit die Kinder gleich mehrstimmig beginnen.

Danach singt der Chorleiter die folgende Melodie auf „Ba da be du da" vor:

Oder in der späteren Originaltonart:

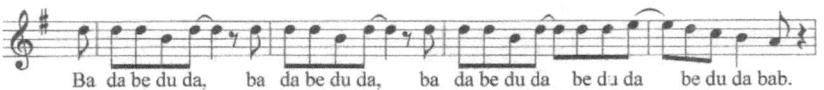

Die Sänger wiederholen diese Melodie mehrfach. Der Text muss dazu möglichst kurz („staccato") und weit „vorne", also an der Öffnung des Mundes, gesungen werden, damit die Kinder die Töne sozusagen „wegwerfen". Damit stellt der Text eine Hilfe dar, die Töne präzise zu singen und auch die hohe Tonlage bereitet den Sängern dann nach meiner Erfahrung keine Schwierigkeiten.

Ist diese Melodie eingeübt, folgt eine Zweite, ohne dass den Kindern und Jugendlichen das eigentliche Lied verraten wird:

Bei dieser Melodie können sich Schwierigkeiten bei den ersten drei Tönen ergeben, da diese häufig unrein gesungen werden. Hier kann die Einsingübung Nr. 5 (in Moll!) helfen. Danach sollte der Chor geteilt werden und eine der beiden Gruppen erlernt auf das oben erwähnte „Ba da be du da ba" den Text: „That smile on your face, there´s truth in your eyes, the touch of your hand lets me know that you need me." (Siehe Seite 78).

Die zweite Gruppe wiederholt nun in einer „Endlos-Schleife" den Text und die Melodie von „You say it best". Sobald diese kurze Melodie zweimal gesungen wurde singt die andere Chorhälfte „That smile on your face...." als Überstimme dazu und eine zweistimmige Coda zu dem Lied „Nothing at all" ist fertig.

Natürlich sollte jetzt mit dem Chor das ganze Lied von Anfang an geübt werden, dann bildet die zweistimmige polyphone Coda den krönenden Abschluss der fünften Einheit.

5.2.6 Beschreibung der sechsten Einheit:
„Singen von homophonen Liedern aus der Popularmusik"

Material:
Tafel oder großes Papier, Stift oder Kreide, Noten von „Ein Traum wird wahr" und „Wheel of Time (o.Ä.), Klavier oder Keyboard.

Ablauf:
Die sechste und letzte Einheit des Projektes dient der Sicherung vorhandener Erfolge und der Loslösung neuer zweiter Stimmen von sogenannten „Hilfssongs" (vgl. Kapitel 5.2.4), indem sofort die zweite Stimme auf dem Originaltext erlernt und dann mit der Melodiestimme des Liedes verknüpft wird.

Als gesichert sollten die Lieder „Bruder Jakob", „Blowing in the wind" und „Nothing at all" gelten. (Soweit Sie meinen Liedvorschlägen gefolgt sind.) Es dürften beim mehrstimmigen Singen keine größeren Schwierigkeiten mehr auftreten, wenngleich der Chorklang bestimmt noch manchmal als „unrein" bezeichnet werden kann. Durch mehrfaches Üben sollten diese Unreinheiten zu beseitigen sein.

Die Einheit beginnt, wie immer, mit Lockerungs- und Einsingübungen (z.B. Nr. 5-8) und dem Wiederholen oben genannter Lieder.

Dann wird ein neues Lied erlernt: Aus dem Disney-Film Aladdin kennen bestimmt einige Kinder den Titelsong „Ein Traum wird wahr" (Siehe Seite 79). Wenn dieses Lied geübt ist, erarbeitet der Chorleiter mit den Sängern einen kurzen Text. (In einer Schule kann dieser an die Tafel notiert werden.)

Der Leiter fragt z.B.:
1. Was machen wir hier? Antwort: Singen
2. Singen wir laut oder leise? Antwort: (hoffentlich) laut

3. Kommt ihr gerne oder nicht gerne hier her? Antwort: gern(e)
4. Wo singen wir zusammen? Antwort: In unserem Chor

So, oder ähnlich könnte eine Antworterarbeitung mit den Sängern aussehen um schließlich als Ergebnis den Satz „Wir singen gern und laut in unserm Chor" zu finden.

Dieser einfache Satz wird als neuer „Hilfssong" für die Unterstimme der Coda in „Ein Traum wird wahr" benötigt.

Mit den Sängern wird „ihr" Text nun auf folgender Melodie eingeübt:

Sobald diese Melodie auswendig gesungen werden kann, ändert der Chorleiter den Text auf: „Dann wird die weite Welt auch uns're sein".

Im folgenden Schritt werden Melodiestimme (viertletzte Notenzeile auf Seite 79) und gelernte Unterstimme zusammengeführt, indem eine Chorgruppe die Melodie singt und eine zweite Gruppe die Unterstimme an der entsprechenden Stelle einfügt.

Bei dem letzten Lied des Projektes soll nun eine Unterstimme ohne Hilfstext – wie bereits erwähnt – eingeübt werden. Ich schlage hierzu das Lied „Wheel of Time" vor. (Siehe Seite 77.)

Im Refrain des Songs ist es sehr einfach eine Unterterz zur Melodiestimme als zweite Stimme einzufügen:

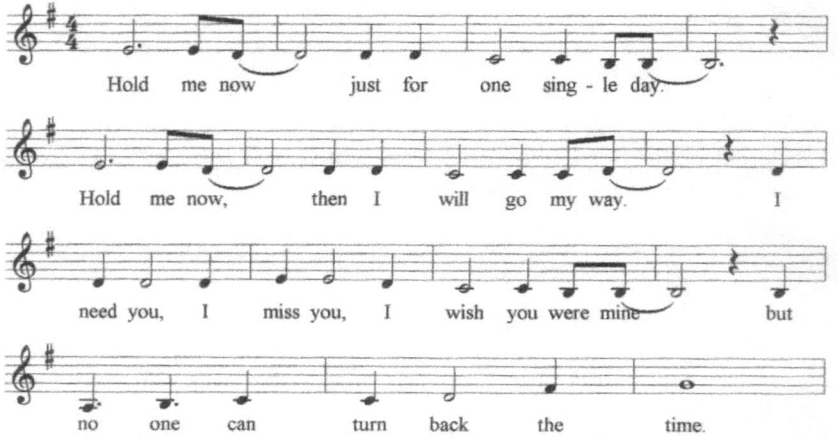

Ich empfehle jedoch die Sänger für die zweite Stimme individuell und nach eigenen Wünschen der Kinder und Jugendlichen auszuwählen, um bei dem ersten Versuch einen vollständigen Refrain zweistimmig homophon zu singen für die Kinder ein Erfolgserlebnis hervorzurufen. Dies ist für die weitere Arbeit am Mehrstimmigen Singen sehr wichtig.

Wurde das Lied „Wheel of Time" ganz gesungen und der Refrain zweistimmig erarbeitet, ist der Weg für weitere mehrstimmige Chorarbeit geebnet. Die Kinder und Jugendlichen haben Fertigkeiten gelernt, die sie nun bei allen Liedern anwenden können.

5.3 Mögliche Fortführung des Projektes

Nachdem der Chor über mehrere Stunden hinweg die Mehrstimmigkeit in erster Linie in Form von zweistimmigem Singen erlernt hat, kann sich nach einer Übergangszeit, in der sich das zweistimmige Singen festigt, ein Versuch zum Erlernen der Dreistimmigkeit anschließen.

Ich möchte an dieser Stelle nur einige Anregungen hierfür geben, da es nun jedem Chorleiter selbst überlassen sein sollte, wie er weiterarbeitet, da er seinen Chor am besten kennt und die Fähigkeiten der Kinder richtig einschätzen kann.

Erst einmal sollte auf Bekanntes zurück gegriffen werden: Zweistimmiges Singen im Terzabstand hat der Chor bereits erlernt. Deshalb kann der Chor zur Fortführung des Projektes in zwei Gruppen geteilt werden und erst einmal Terzen parallel singen (z.B. mit dem Lied „Blowing in the wind"). Danach teilt der Leiter den Chor in drei Gruppen, die sich reihenweise (mit ausreichendem Abstand) hintereinander aufstellen: (x= Chorsänger)

```
3. Gruppe (Quinte)   : x x x x x x x
2. Gruppe (Terz)     : x x x x x x x
1. Gruppe (Grundton): x x x x x x x
                          Chorleiter
```

Jede Reihe singt nun je einen Ton aus einem Dur-Dreiklang. Auf ein Zeichen des Chorleiters ändern die Kinder der einzelnen Reihen ihren Ton, indem sie dabei einen Schritt nach vorne oder nach hinten gehen. Wenn sie einen Schritt nach vorne machen, steigt der Ton um einen „Schritt", gehen sie einen Schritt zurück, sinkt der Ton um eine Stufe.

So können verschiedene Dreiklänge gebildet werden (in der entsprechenden Umkehrung des Akkordes).

Schwierigkeiten werden beim erstmaligen Singen von drei Tönen auftreten, denn nun gibt es nicht nur *eine* andere Stimme gegen die die Kinder ihren Ton verteidigen müssen, sondern sogar *zwei* Stimmen, die anders singen. Dies ist für die Kinder erst einmal problematisch.

Mit der Einbindung einer Bewegung in das Singen, wie ich es hier beschrieben habe, ist die Sache aber etwas einfacher. Die Übung wurde bei meinen Versuchen von den Kindern gerne angenommen und ausprobiert, denn Bewegung beim Singen machte ihnen offensichtlich Spaß und sie veränderten bereitwillig nach meiner Anweisung ihren Ausgangston im Rahmen der Tonleiter nach oben oder unten.

Auch die Koordination zwischen Singen und Bewegung zeigte innerhalb weniger Minuten Erfolg, aber Probleme traten hier manchmal beim Halten des eigenen Tones gegen zwei andere Töne auf. Häufig „sackten die Töne ab" oder wurden im Verhältnis zu den anderen „unrein".

Aus diesem Grund sollte jede Reihe intensiv ihre Töne, inklusive der Veränderungen nach oben und unten, einzeln üben!

6. Verifizierung der Methoden durch die Arbeit mit einem Schulchor

Wie bereits erwähnt wurde die hier beschriebene Projekteinheit von mir selbst in einem Schulchor durchgeführt, so dass ich dort Erfahrungen sammeln konnte, was an der Einheit gut war und was nicht. Ich wollte aber nicht nur meinen persönlichen Eindruck als Messlatte anlegen, sondern bat die Schülerinnen und Schüler einen Fragebogen zu dem Projekt auszufüllen.

Da das Projekt fast deckungsgleich zu dem hier beschriebenen Ablauf durchgeführt wurde, ist auch die Auswertung des Fragebogens für dieses Buch relevant.

Der Fragebogen war wie folgt aufgebaut:

6.1 Reflexionsfragebogen zur Projekt-Einheit „Mehrstimmigkeit"

1. Wie alt bist du ? _____ Jahre.
2. Ich bin männlich ☐ oder weiblich ☐ (Bitte ankreuzen)
3. Ich singe a) seit über einem Jahr in dem Schulchor, ☐
   b) seit über einem halben Jahr, ☐
   c) seit weniger als einem halben Jahr in dem Chor. ☐
4. Ich singe noch in einem anderen Chor oder habe mal in einem gesungen.
   Ja ☐ Nein ☐
5. Die Unterrichtseinheit „Mehrstimmigkeit" hat mir in den letzten Wochen Spaß gemacht.
   Ja ☐ Nein ☐
6. Das „Arbeiten" mit meiner Stimme war sehr anstrengend ☐
   anstrengend ☐
   normal ☐
   weniger anstrengend ☐
   gar nicht anstrengend ☐

7. Die Liedauswahl für die „Mehrstimmigkeit" war abwechslungsreich ☐
   langweilig ☐
   cool ☐
   „Kinderkram" ☐
   zu schwierig ☐
   zu leicht ☐
   mittelmäßig/ok ☐

8. Ich habe einen qualitativen Fortschritt (d.h. „Unser Singen ist besser geworden") in unserem Chor während der letzten Wochen bemerkt!

   Ja ☐   Nein ☐   Kann ich nicht beurteilen ☐

9. Ich würde mir häufiger solche oder ähnliche Projekte im Chor wünschen!
   Ja würde ich gerne. ☐   Nein, möchte ich nicht. ☐

10. Ich glaube nun sicherer einen Ton halten zu können als vor der Projekteinheit:
    Ja ☐   Nein ☐   Weiß ich nicht ☐

11. Wie beurteilst du die Länge der Projekteinheit von 6 Stunden (Chorproben)?
    Viel zu lang ☐
    Zu lang ☐
    Angemessen ☐
    Zu kurz ☐
    Viel zu kurz ☐

12. Bist du persönlich mit dem erarbeiteten Ergebnis zufrieden?
    (Singen von 2-stimmigen Liedern)

    Ja, bin ich. ☐   Nein, bin ich nicht ☐   weil
    _____

    _____

13. Wenn du selbst Einfluss auf den Ablauf des Projektes gehabt hättest, was hättest du anders gemacht oder dir noch gewünscht? (Antworten bitte in ganzen Sätzen!)

6.2 Schriftliche Auswertung des Fragebogens

In meinem „Projektchor" sangen 20 Kinder und Jugendliche im Alter von 10 bis 13 Jahren mit.

Alle Schüler waren sich am Ende des Projektes einig, dass die Einheit „Mehrstimmigkeit" ihnen Spaß bereitet hat. Lediglich ein Mädchen äußerte sich dahingehend, dass einige Stunden nicht ganz so viel Spaß gemacht hätten wie andere. Auch bei der Frage nach der Länge der Projekteinheit gab es bei 19 Schülern (95%) eine Übereinstimmung bei der Antwort „angemessen". Ein 12-jähriges Mädchen, das erst seit kurzem in dem Schulchor singt, fand sechs Stunden für das Projekt zu lang.

Mit dem erarbeiteten Ergebnis (Singen von zweistimmigen Liedern) waren 18 Schüler (90%) persönlich zufrieden. Ein Mädchen lies die Frage offen, ein zweites Mädchen war nicht zufrieden, „weil sie das nicht wirklich beurteilen kann".

Da die Schüler stimmlich deutlich mehr gefordert wurden als in den Chorproben vor dem Projekt war es mir wichtig zu wissen, ob ich die Stimmen der Schüler eventuell überfordert hatte, denn das Singen soll den Schülern nicht wehtun oder gar schaden. Aber eher das Gegenteil war der Fall: 13 Schüler (65%) fanden das Arbeiten mit der Stimme „normal", drei Schüler fanden es „wenig anstrengend" (15%) und vier Schüler „gar nicht anstrengend" (20%).

Bei der Frage nach der subjektiven, qualitativen Verbesserung des Chorklanges und der persönlichen Stimme, gaben elf Schüler (55%) an, dass sich der gesamte Chorklang verbessert habe, während kein Schüler meinte, der Chor sei „schlechter" geworden. Allerdings empfand eine Schülerin, dass sie nach der Projekteinheit mit ihrer Stimme einen Ton nicht besser „halten" (bzw. intonieren) könne als vorher.

Knapp die Hälfte aller Sänger (45%) konnte nicht beurteilen, ob der Chorklang generell besser geworden ist und acht Schüler (40%) wussten nicht, ob sie nun sicherer einen Ton halten können, als vor Durchführung der Einheit.

Interessant wurde es bei der Frage nach der Liedauswahl. Wie schon in Kapitel 4 beschrieben, spielt die Liedauswahl für die Kinder und Jugendlichen eine entscheidende Rolle, um Spaß am Singen zu haben. So fanden laut Fragebogen 5 Schüler die Liedauswahl „abwechslungsreich" (25%), elf Schüler „mittelmäßig bis ok" (55%) und sieben Schüler quer durch alle Altersschichten sogar „cool" (35%), wobei Mehrfachnennungen möglich waren.

Dahingegen gab es vier Schüler, die die Lieder als „langweilig" (20%) und fünf die sie als „Kinderkram" bezeichnet hatten (25%). Interessanterweise stammen diese Äußerungen gerade von den jüngeren Sängern im Alter von 10 bis 11 Jahren und nicht, wie vielleicht zu erwarten wäre, von den Jugendlichen (13 Jahre).

„Zu schwierig" nannte keiner der Befragten die Liedauswahl, aber zwei Schüler (10%) machten ein Kreuz bei „zu leicht".

Als für mich persönlich wichtige Information enthielt der Fragebogen noch die Frage nach einer weiteren Durchführung eines ähnlichen Projektes innerhalb eines Schulchores, die von 16 Schülern mit „Ja" (80%) und von vier Schülern mit „Nein" (20%) beantwortet wurde.

Die Auswertung des Reflexionsfragebogens spiegelte meines Erachtens nach ein positives Bild der Projektarbeit wider und zeigte mir, dass die Schüler Spaß an dem Projekt hatten, ihre Stimme persönlich weiter entwickeln konnten und auch zu einem neuen Projekt bereit wären.

Lediglich die Liedauswahl müsste auf Wunsch der Schüler moderner sein, wie einige Aussagen der letzten (offenen) Frage auf dem Bogen beweisen: „Ich finde, Sie haben das Projekt gut ausgeführt; es hätten jedoch modernere Lieder sein können, nicht nur „Es tönen die Lieder"!", „Ich hätte andere Lieder gewählt" oder „Ich hätte mir gewünscht, dass wir nicht nur Lieder aus Filmen singen. Aber die Lieder sind trotzdem cool."

Ein Schüler formulierte den letzten Satz folgendermaßen: „Ich hätte nichts anders gemacht und hätte mir auch nichts mehr dazu gewünscht."

6.3 Graphische Auswertung des Fragebogens

Das Arbeiten mit meiner Stimme war:

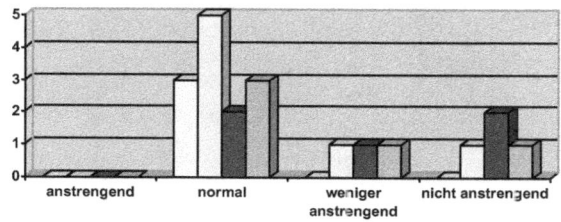

Die Liedauswahl für die Mehrstimmigkeit war:

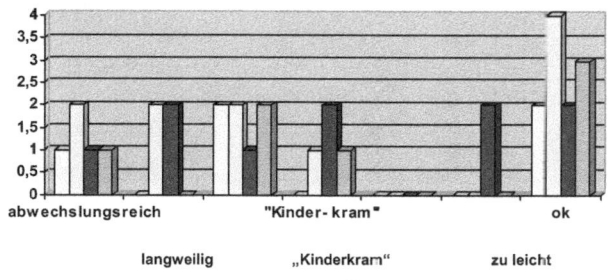

Ich habe einen qualitativen Fortschritt in unserem Chor während der letzten Wochen bemerkt:
(„Unser singen ist besser geworden")

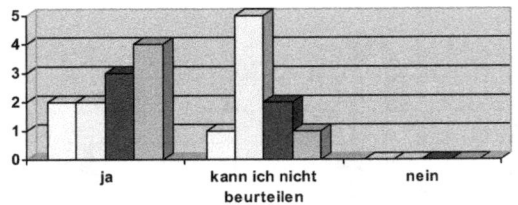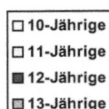

Ich würde mir häufiger solche oder ähnliche Projekte im Chor wünschen!

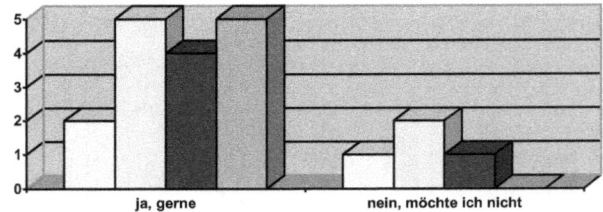

Ich glaube nun sicherer einen Ton halten zu können als vor der Projekteinheit.

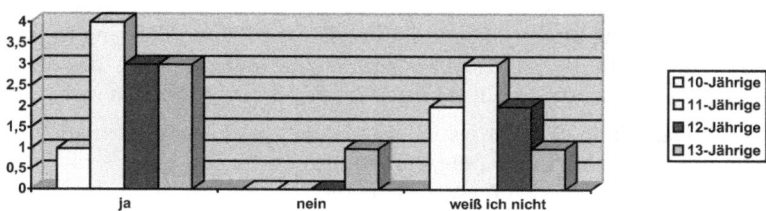

Wie beurteilst du die Länge der Projekteinheit von 6 Stunden?

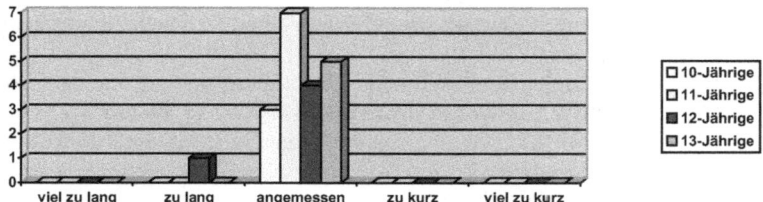

7. Reflexion des Projekts

Als Ergebnis des Projektes sollte nach sechs Einheiten folgendes erreicht sein:

1. Die Kinder können mindestens vier Lieder (z.B. „Wheel of Time", „Nothing at all", „Ein Traum wird wahr" und „Blowing in the wind") zweistimmig singen. Darüber hinaus bereitet ihnen das Singen von Kanons und Quodlibets keine großen Schwierigkeiten mehr.

2. Der Klang des Chores hat sich maßgeblich verbessert, auch dadurch, dass die Kinder durch mehrstimmiges Singen gelernt haben genauer aufeinander zu hören und damit ein Gefühl von „Chor" bzw. „Gemeinschaft" entwickelten.

3. Der Umgang mit der eigenen Stimme ist vertrauter geworden: die Sänger können ihre Stimme sicherer – und damit lauter - einsetzen, einen Ton schwankungsfrei halten, Intervalle klar singen und der Stimmsitz hat sich verbessert.

Ein weiterer Punkt ist die Liedauswahl. Sie wurde im Fragebogen (Vgl. Kapitel 6) von einigen Kindern und Jugendlichen kritisiert, aber im Ablauf und Ergebnis des Projektes sollte sichtbar sein, dass

(a) die Lieder zur Umsetzung der einzelnen Lernschritte gut geeignet waren,

(b) sie, wenngleich es auch keine „Top-20-Songs" waren, den Hörpräferenzen der Kinder zumindest teilweise entgegen kamen,

(c) die Notwendigkeit, ständig nach geeigneten neuen Stücken Ausschau zu halten, für den Chorleiter eines Jugendchores selbstverständlich sein sollte.

Nicht jedes Lied eignet sich für das Erlernen von bestimmten Fähigkeiten auf dem Weg zum zweistimmigen Singen, und ich habe lange überlegt, welches Lied für welche Übung wohl am geeignetsten sein könnte.

Vielleicht ließen sich aber dennoch Beispiele aus aktuelleren Songs finden, die in dem Projekt Verwendung finden könnten.

Abschießend lässt sich sagen, dass mir die Arbeit mit dem Chor ebenso viel Spaß gemacht hat wie auf Sängerseite und ich mit dem Ergebnis des durchgeführten Projektes sehr zufrieden war. Ich denke, die Planung dieser Projekteinheit war richtig durchdacht und kann so auch in anderen Chören mit Erfolg Anwendung finden.

Die Kinder meines Chores merkten selbst, dass die Projekteinheit zur Entwicklung der persönlichen Stimme beigetragen und das Ansehen des Chores innerhalb Stadt und Schule durch einen besseren Klang erhöht hat.

Deshalb wurde von 80% der Schüler (vgl. Kap. 6) gewünscht, weitere Projekte in dieser Form durchzuführen. Ein mögliches Anschlussprojekt könnte – nach einer entsprechenden Übungszeit der praktizierten Zweistimmigkeit – die Entwicklung des dreistimmigen Singens im Chor sein, wie in Kapitel 5.3 angedeutet.

Wenn das Potential vorhanden ist und die Kinder Spaß haben, wäre es schade, wenn darauf nicht aufgebaut wird, denn wie sagte einmal der französische Maler Paul Gauguin: „Leben heißt singen und lieben".

8. Aufwärm- und Stimmübungen

8.1 Aufwärm-, Lockerungs- und Atemübungen

Übung 1: Schulterkreisen
Aufrecht stehen. Langsame Kreisbewegungen mit einer Schulter durchführen, zuerst links, dann rechts, schließlich mit beiden Schultern gleichzeitig sowohl nach vorne als auch nach hinten.
Ziel ist eine Lockerung des Schultergürtels und der Halsmuskulatur. Der Kopf bleibt während der ganzen Übung passiv.

Übung 2: Kopfkreisen
Aufrecht stehen. Den Kopf in den Nacken legen und dann locker auf die rechte und linke Schulter abrollen lassen. Danach den Kopf auf die Brust legen, Kiefer locker öffnen und den Kopf nach recht und links zu der jeweiligen Schulter kreisen.
Ziel ist eine Lockerung der Hals- und Nackenmuskulatur.
Achtung: Die Kreisbewegung des Kopfes immer in zwei voneinander getrennten Abschnitten (wie beschrieben) vornehmen. Bei ganzen Drehungen besteht die Gefahr von Bewegungsstörungen an den Halswirbeln!

Übung 3: Brust- und Rückenklatschen
Aufrecht stehen. Die Hände klatschen abwechselnd vor der Brust und hinter dem Rücken mit ausgestreckten Armen zusammen. Dabei besteht die Schwierigkeit, die Hände hinter dem Rücken zu treffen.
Ziel ist eine Lockerung des Brustraumes und des Schulterbereiches.

Übung 4: „Schulterpressen"
Aufrecht stehen. Beide Schultern werden mit Druck nach oben gegen den Kopf gedrückt. Die Schultern mehrere Sekunden unter Anspannung halten. Dann schnell die Schultern in ihre Ausgangsposition fallen lassen. Übung mehrmals wiederholen.
Ziel durch das Wechseln von Anspannung und Entspannung der Schultermuskulatur ist ein Ableiten von Muskelverspannungen.

Übung 5: Hüpfen
Aufrecht stehen, Knie nicht ganz durchdrücken und Arme locker hängen lassen. Federndes Hüpfen aus dem Stand heraus, wobei das

Körpergewicht beim Aufkommen der Füße auf dem Boden von den Knien abgefangen wird.
Ziel ist ein Aufwärmen des gesamten Körpers und ein Ableiten von Muskelverspannungen.

Übung 6: Strecken und Zusammensacken (mit Einatmen)
Aufrecht stehen, Arme baumeln lassen. Nun tief Luft holen und dabei die Arme langsam in die Höhe strecken. Kurz in dieser Position verweilen und auf Kommando die Arme bis kurz vor den Boden fallen lassen, den Oberkörper dabei nach vorne abknicken und alle Luft ausatmen. Mehrmals wiederholen.
Ziel ist eine komplette Entspannung des Körpers und ein bewusstes Einatmen.

Übung 7: Eisenbahnspiel
Wir spielen Eisenbahn: Die Dampflokomotive fährt an indem wir rhythmische Bewegungen mit Ausblasgeräuschen (sch, t, t, t) machen. Die Lokomotive wird schneller und wieder langsamer bis sie schließlich zum Stehen kommt und allen Dampft ablässt (langes „tsch...").
Ziel ist eine Aktivierung der Zwerchfellatmung durch die Konsonanten „sch" und „t".
Viele weitere Übungen bietet Andreas Mohr in den Kapiteln 8 und 9 seines Buches „Handbuch der Kinderstimmbildung" an.

8.2 Einsing- und Stimmübungen

Übung 1: Schnell repetierte Artikulationsbewegungen

Übung locker, chromatisch aufsteigend wiederholen bis etwa b´ (Ausgangston).

Übung 2: Vordersitzübung mit klarer Aussprache

Die Töne von einem „wegwerfen". Übung chromatisch aufsteigend wiederholen bis etwa c´´ (Ausgangston).

Übung 3: Vokalraumübung

Übung chromatisch aufsteigend wiederholen bis etwa d″ (Ausgangston).

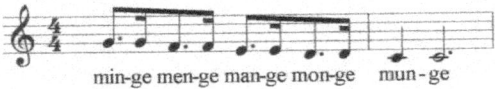

Übung 4: Vokalausgleich

Töne langsam ineinander übergehend singen. Übung stufenweise aufsteigend wiederholen bis etwa c″.

Übung 5: Leichte Tonansätze in der Tiefe

Leise singen, runder Mund. Übung chromatisch abwärts wiederholen bis etwa a (Ausgangston).

Übung 6: Erweiterung des Stimmumfangs

Locker singen. Nicht auf den Tönen verweilen. Übung chromatisch aufwärts wiederholen bis etwa a′ (Ausgangston!)

Übung 7: Schnelles Durchmessen des Oktavraumes

Locker singen. Darauf achten, dass die einzelnen Töne nicht nachlässig gebildet werden. Übung chromatisch aufwärts wiederholen bis etwa f' (Ausgangston).

Übung 8: Melodielinie entwickeln

Gebundenes Singen der einzelnen Töne. Mund bei „An" weit öffnen. Übung chromatisch aufwärts wiederholen bis etwa a' (Ausgangston).

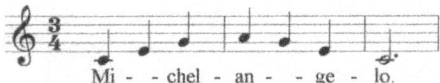

Übung 9: Lockerung der Kiefermuskulatur

Besonders bei dem „ja" muss sich der Kiefer bewegen. Übung chromatisch aufwärts wiederholen bis etwa b' (Ausgangston).

Übung 10: Intervallsprung Quarte

Betonung auf „So". Ton locker „wegwerfen". Übung chromatisch aufwärts wiederholen bis etwa d'' (Ausgangston).

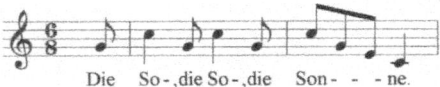

Weitere Einsingübungen, kurze Kanons und Stimmübungen in: Adolf Rüdiger, „Stimmbildung im Schulchor" (Handbuch für den Chorleiter), Hamburg 1982
oder in: Andreas Mohr, Handbuch der Stimmbildung, Mainz 2003

9. Liedanhang

Drei verschiedene Kanons
(2- bis 4-stimmig)

Himmel und Erde müssen vergeh'n Kanon zu 2 Stimmen

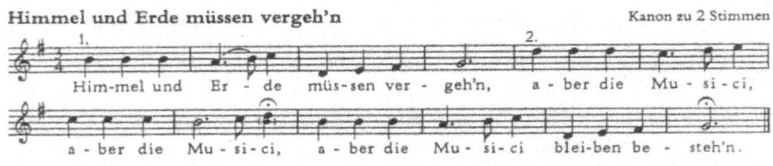

Worte und Weise: volkstümlich
Instrumentalsatz: Karl Haus

Lachend kommt der Sommer Kanon zu 3 Stimmen

Worte und Weise: Cesar Bresgen
Aus C. Bresgen: Das Jahresrad. Bad Godesberg: Voggenreiter Verlag, 1953
Ostinato: Hans Bergese   Aus H. Bergese: Gesungen — Gespielt. Wolfenbüttel und Zürich: Möseler Verlag, 1958

Jeder Teil dieser Erde
Kanon zu 4 Stimmen

Text: William Arrowsmith
Musik: Stefan Vasper
Quelle: Rede des Indianerhäuptlings Seattle

© alle Rechte beim tvd Verlag, Düsseldorf
aus: Mein Liederbuch, Band 1, 1981

Mercedes Benz

M/T/I: Janis Joplin, 1970

© 1970 by Strong Arm Music
für D/A/CH: Rolf Budde Musikverlag GmbH, Berlin

Words & Music by Janis Joplin, Michael McClure & Bob Neuwirth
© 1970 Strong Arm Music, USA. Carlin Music Corporation.
(aus: Janosa, Felix: Your Song 2, Hannover 2003, S.31)

Rock my soul

We Will Rock You

M/T: Brian May
I: Queen, 1977

© 1977 Queen Music Ltd., London. Für D/A/CH/Osteurop. Länder:
EMI Music Publishing Germany GmbH, Hamburg

(aus: Janosa, Felix: Your Song, Frankfurt 1997, S.52; Reproduced by permission of International Music Publications Ltd. All Rights Reserved.)

He's got the whole world

trad. Spiritual

2. He's got the tiny little baby in His hands...

3. He's got you and me in His hands...

4. He's got the son and his father in His hands...

5. He's got the mother and her daughter in His hands...

6. He's got everybody here in His hands...

7. He's got the sun and the moon in His hands...

8. He's got the wind and the rain in His hands...

9. He's got the whole world in His hands...

Unser kleines Orchester

Anmerkung: Die Geige beginnt, ein Instrument nach dem anderen gesellt sich dazu, bis zuletzt das ganze »Orchester« musiziert. Auch im Kanon zu singen.

Worte und Weise: Willy Geisler
Aus G. Schulten: Der Kilometerstein. Bad Godesberg: Voggenreiter Verlag, Wolfenbüttel und Zürich: Möseler Verlag, 1934/1962

© Voggenreiter Verlag, Bonn

(aus: Kirmeyer, Rudolf: Der junge Musikant, München 1974, S. 12)

Uptown Girl (Auszug)

T/M: Billy Joel, 1983

© by EMI BLACKWOOD MUSIC INC.

Always Look On The Bright Side Of Life (Auszug)

T/M: Eric Idle 1979

© KAY-GEE-BEE MUSIC LTD.

Gangsta's Paradise

T/M: Wonder / Ivey / Sanders / Rasheed

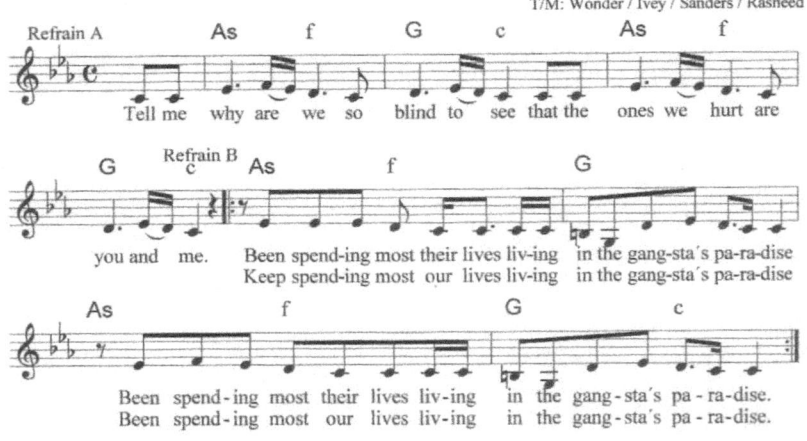

Text (Rap):

As I walk through the valley of the shadow of death
I take a look at my life and realise there's none left
'Cause I've been brassing and laughing so long that
Even my mamma thinks that my mind is gone
But I aint never crossed a man that didn't deserve it.
Me be treated like a punk, you know' that's unheard of
You better watch how you talking, and where you walking
Or you and your homies might be lined in chalk
I really hate to trip but 'I gotta lope
As they croak I see myself in the pistal smoke ... fool
I'm the kind of G that little homies want to be like
On my knees in the night, saying prayers in the street light.

Been spending most their lives living in the gangsta's paradise.
Been spending most their lives living in the gangsta's paradise.
Keep spending most our lives living in the gangsta's paradise.
Keep spending most our lives living in the gangsta's paradise.

They got the situation, they got me facing
I can't live a normal life, I was raised by the strip
So I gotta be down with the hood team
Too much television watching got me chasing dreams
I'm an educated fool with my knee on my mind
Got my ten in my hand and a gleam in my eye
I'm a loped out gangsta set trippin banger
And my homies is down so gonna rouse my anger .. fool
Death ain't nothing but a heart beat away
I'm living life do or die, what can I say
I'm 23 never will I live to see 24
The way things is going I don't know

Tell me why are we so blind to see.
That the ones we hurt are you and me.
Been spending... (2x)
Keep spending ... (2x)

Power and the money, money and the power
Minute after minute, hour after hour
Everybody's running, but half of them ain't looking
What's going on in the kitchen, but I don't know what's cooking
They say I've got to learn but nobody's here to teach me
If they can't understand it, how can they reach me
I guess they can't, I guess they won't
I guess they front
That's why I know my life ist out of luck ... fool.

Been spending... (2x)
Keep spending ... (2x)

Tell my why are we so blind to see.
That the one's we hurt are you and me.

© BLACK-BULL-MUSIC INC.

Wheel Of Time

Text + Musik: René Frank, 26.11.2002

Strophe 2:

The morning is colder, the day has lost its shine,
and in such a moment, I wish I could change time.
And sometimes I hear you, your voice remains in me,
and sometimes I see you, the angel who is free.

Strophe 3:

You know, you are with me, you live still in my heart,
you know you are with me, even if we live apart.
And maybe in some years, my memories are gone,
but you will be always for me the favourite one

Coda von „Nothing At All" (aus: Decades of Film '90s, London 2000)

Ein Traum wird wahr (Auszug)

Text+Musik: Alan Menken/Tim Rice
Deutscher Text: Klaus-Peter Bauer
(C) by Wonderland Music Company Inc.
Für D: Neue Welt Musikverlag, Hamburg

Heaven is a wonderful place

Spiritual / trad.

Als Kanon oder als Ostinato zu singen. Beim Ostinato setzen die drei Stimmen wie beim Kanon nacheinander ein, wiederholen jedoch ihre jeweiligen Zeilen (1, 2 oder 3).

10. Glossar

Akkord: Abgeleitet vom lateinischen Wort „accordare" = „übereinstimmen". Der Zusammenklang von mindestens drei Tönen verschiedener Tonhöhe. Ein Akkord mit drei Tönen wird deshalb auch als „Dreiklang" bezeichnet.

Artikulation: Bezeichnet die Bindung oder Trennung von Tönen. In der Gesangslehre auch für „deutliches Sprechen" von Wörtern verwendet.

Bordun: Der Zusammenklang von erstem (Grundton) und fünftem Ton (Quinte) einer Tonleiter als Begleit- oder Halteton. Die Töne klingen in gleichbleibender Tonhöhe ständig während eines Liedes mit (z.B. beim Dudelsack).

Coda: Italienisch „Schwanz". Eine Coda bezeichnet den Schlussteil einer Komposition bzw. eines Popsongs, wenn dieser als ein angehängtes oder ausklingendes Glied nach einem gewissen Abschluss des Liedes empfunden wird.

Dissonanz: Abgeleitet vom lateinischen Wort „dissonare" = „auseinanderklingen". Ein Klang oder -> Akkord der im Gegensatz zur -> Konsonanz Spannungscharakter besitzt. Das Dissonanzempfinden hat sich in der Musikgeschichte mehrfach gewandelt. Für unsere heutigen Ohren klingen Dissonanzen „schräg" oder „schief".

Dominante: Abgeleitet vom lateinischen Wort „dominans" = „herrschend". Einerseits die fünfte Stufe einer Tonleiter, andererseits der auf diesem fünften Ton aufgebaute Dreiklang (-> Akkord). In C-Dur wäre die 5. Stufe (also die Dominante) G-Dur.

Dur-Dreiklang: Der auf dem Grundton einer Tonleiter (Tonart) stehende Dreiklang (-> Akkord) heißt Durdreiklang. Gekennzeichnet ist ein Durdreiklang durch den -> Intervallaufbau „große -> Terz" und nachfolgend „kleine Terz". Auf dem Ton „c" besteht der Durdreiklang aus den Tönen „c, e und g".

Fuge: Abgeleitet vom lateinischen Wort „fuga" = „Flucht". Die Fuge ist ein Instrumentalstück mit mehreren Stimmen (mindestens zwei, normalerweise drei bis vier), die alle eine von z.B.

der ersten Stimme vorgegebene Melodie nachahmen (imitieren). Jede Stimme ist eigenständig und gleichberechtigt innerhalb der Fuge und muss sich keiner führenden Stimme unterordnen. Die Fuge wird als die höchste Form der „Polyphonie" (Vgl. Kap. 2.5.2) betrachtet. Auch in der Vokalmusik kommen fugenähnliche Abschnitte vor, aber eine vollständige Fuge wird dort vergebens zu finden sein.

Harmonie: Abgeleitet vom griechischen Wort „harmonia" = „Führung, Ordnung". Der Begriff Harmonie wird gleichbedeutend mit -> Akkord verwendet, welcher den sinnvollen Zusammenklang von mehreren Tönen beschreibt.

Intervall: Abgeleitet vom lateinischen Wort „intervallum" = „Zwischenraum". Der Begriff beschreibt den Abstand zweier Töne zueinander. Der Tonhöhenunterschied und das Verhältnis zwischen zwei gleichzeitig oder nacheinander erklingenden Tönen wird als Intervall bezeichnet. Jeweils unterschiedliche Intervalle haben unterschiedliche Namen. So gibt es die Intervalle „Sekunde, Terz, Quarte, Quinte, Sexte, Septime oder Oktave".

Kanon: Abgeleitet vom griechischen Wort „kanon" = „Maßstab, Regel". Der Kanon ist ein mehrstimmiges (polyphones) Musikstück, bei dem die Stimmen in einem bestimmten Abstand nacheinander einsetzend die gleiche Melodie spielen oder singen. Die Anzahl der Stimmen bewegt sich zwischen zwei und sechs. Jede Stimme beginnt nach dem Schluss wieder von vorne (Kreis- oder Zirkelkanon; Rundgesang).

Konsonanz: Abgeleitet vom lateinischen Wort „konsonare" = „zusammenklingen". In der Musik ein Klang (-> Intervall oder -> Akkord) mit Entspannungscharakter, im Gegensatz zu der auflösungsbedürftigen -> Dissonanz. Für unsere heutigen Ohren ist eine Konsonanz „wohlklingend" bzw. „schön". Zu den konsonanten -> Intervallen zählen Terz, Quarte, Quinte, Sexte und Oktave.

Metallophon: Abgeleitet vom lateinischen Wort „metallum" = „Metall" und dem griechischen „phone" = „Klang". Bezeichnet ein Musikinstrument, bestehend aus mehreren Metallstäben, die mit einem Hämmerchen bzw. Schlegel angeschlagen werden. Ähnlich dem -> Xylophon und dem Glockenspiel.

Metrum: Abgeleitet vom griechischen Wort „metron" = „Maß". Ein Metrum ist die Maßeinheit mehrerer, zu einer Einheit zusammengeschlossener Zählzeiten. Grundlage eines Metrums ist der Takt. Wird ein Metrum vom Chorleiter vorgegeben, zeigt er damit die Geschwindigkeit des Musikstücks an und „schlägt" sozusagen den Takt.

Oktave: Abgeleitet vom lateinischen Wort „octavus" = „der Achte". Die Oktave ist ein -> Intervall dessen beide Töne acht Tonstufen voneinander entfernt liegen. In der C-Dur-Tonleiter z.B. wären dies z.B. die Töne „c" und „c´" – also das c mit dem nach dem Ton „h" eine neue Tonleiter beginnt.

Organum: Abgeleitet vom griechischen Wort „organon" = „Werkzeug", Hilfsmittel". Ein Komposition- und Gattungsbegriff. Er bezeichnet in der europäischen Musik die erste Phase der Mehrstimmigkeit.
Ursprünglich eine Anweisung zur improvisierten Erfindung einer zweiten Stimme zu einer gegebenen Melodiestimme.
Man unterscheidet das parallele Quintorganum, bei dem die hinzugefügte Stimme stets im gleichen Abstand verläuft und das Quartorganum, das aus dem Einklang bis zu den parallel verlaufenden -> Quarten geführt wird.

Orgelpunkt: Ein Orgelpunkt ist ein lang ausgehaltener oder ständig wiederholter Ton, meist in der tiefen Stimme (Bassstimme), über dem sich die übrigen Stimmen oder eine weitere Stimme harmonisch frei bewegt. Die Bezeichnung geht auf *„organicus punctus"* im mittelalterlichen Organum (vgl. Kap. 2.5) zurück.

Ostinato: Abgeleitet vom lateinischen Wort „obstinatus" = „hartnäckig, beharrlich". Eine kurze, ständig wiederholte Tonfolge oder rhythmische Figur bzw. Melodie, die einem Musikstück zugrunde liegt, während sich die übrigen Stimmen darüber frei bewegen. Das Musikstück muss demnach aus wenigen Harmonien (Akkorden) bestehen.

Quarte: Abgeleitet vom lateinischen Wort „quartus" = „der Vierte". Die Quarte ist ein -> Intervall dessen beide Töne vier Tonstufen voneinander entfernt liegen. In der C-Dur-Tonleiter z.B. wären dies z.B. die Töne „c" und „f".

Quinte: Abgeleitet vom lateinischen Wort „quintus" = „der Fünfte". Die Quinte ist ein -> Intervall dessen beide Töne fünf Tonstufen voneinander entfernt liegen. In der C-Dur-Tonleiter z.B. wären dies z.B. die Töne „c" und „g".

Quodlibet:	Lateinisch: „was beliebt". Ein Quodlibet wird durch das Zusammenfügen von zwei oder mehreren textierten Liedmelodien gebildet deren Akkordfolge in allen Liedern gleich sein muss. Es werden also mehrere verschiedene Lieder „übereinander" gesungen.
Rap:	Rhythmischer Sprechgesang zu einem Hintergrundrhythmus und einer einfachen, sich wiederholenden Akkordfolge, der Ende der siebziger Jahre populär wurde. Der Rap wurde von afroamerikanischen städtischen Jugendlichen entwickelt.
Resonanz:	Abgeleitet vom lateinischen Wort „resonantia" = „Widerschall". Wird ein schwingungsfähiges Gebilde, wie eine Saite, eine Membran oder eine Luftsäule angestoßen, so vollführt es Schwingungen. In einem Resonanzkörper – einem Hohlraum – werden diese Schwingungen des Tonerzeugers verstärkt.
Terz:	Abgeleitet vom lateinischen Wort „tertius" = „der Dritte". Die Terz ist ein -> Intervall dessen beide Töne drei Tonstufen voneinander entfernt liegen. In der C-Dur-Tonleiter z.B. wären dies z.B. die Töne „c" und „e" (große Terz).
Tonika:	Die Tonika ist der Grundton (1. Stufe) einer Tonart die von ihm ihren Namen erhält (z.B. C-Dur). Der Tonika-Dreiklang (in C-Dur c-e-g) ist Ausgangs- und Bezugspunkt des harmonischen Geschehens. Normalerweise beginnt und endet jedes Musikstück in der Tonika.
Wechselquinte:	Der Wechsel zweier Töne zwischen Grundton und fünftem Ton einer Tonleiter (-> Quinte). Der Tonwechsel kann auch zwischen Grundton und der sogenannten „Unterquinte" stattfinden (z.B. zwischen c^2 und g^1).
Xylophon:	Abgeleitet von den griechischen Wörtern „xylon" = „Holz" und „phone" = „Klang".) ein Musikinstrument dessen rechteckige Holzstäbe verschiedener Länge in einer Reihe trapezförmig angeordnet sind. Sie werden mit zwei Schlägeln oder Hämmerchen angeschlagen. Ähnlich dem -> Metallophon[11].

---

11   Alle Angaben im Glossar beruhen auf Informationen des Dudens „Musik", Mannheim 1989

11. Literaturangaben

Abel-Struth, Sigrid / Groeben, Ulrich, Musikalische Hörfähigkeiten des Kindes. In: Musikpädagogik, Forschung und Lehre, Bd.15, Mainz 1979

Duden, „Die Musik", 2. überarbeitete Auflage, Mannheim, 1989

Ehmann, Wilhelm / Haasemann, Frauke, Handbuch der chorischen Stimmbildung, 6. Auflage, Kassel, 2000

Göstl, Robert, Singen mit Kindern. Modelle für eine persönlichkeitsbildende Kinderchorarbeit, Regensburg 1996

Husler, Frederick, Singen. Die physische Natur des Stimmorgans, Mainz 1978

Klausmeier, Friedrich, Die Lust, sich musikalisch auszudrücken, Reinbek 1978

Lloyd, Norman, Großes Lexikon der Musik, München 1991

Mohr, Andreas, Handbuch der Kinderstimmbildung, 5. Auflage, Mainz, 2003

Münden, Gerd-Peter, Kinderchorleitung, München 1993

Nitsche, Paul, Die Pflege der Kinder- und Jugendstimme, Mainz 2001

Pachner, Rainer, Vokalpädagogik, Theorie und Praxis des Singens mit Kindern und Jugendlichen, Kassel 2001

Rüdiger, Adolf, Stimmbildung im Schulchor. Chorheft, Hamburg 1982

Rüdiger, Adolf, Stimmbildung im Schulchor, Handbuch für den Chorleiter, Hamburg 1982

Verwendete Liederbücher

Ars musica, Herausgegeben von Gottfried Wolters, Wolfenbüttel 1965

DaCapo, Liederbuch der KSJ Amberg, Amberg 1997

Decades of Film '90s, International Music Publications, London 2000

Disney, 50 Songs, Milwaukee, USA 2001

Janosa, Felix, Your Song, Diesterweg-Verlag, Frankfurt 1997

Janosa, Felix, Your Song 2, Diesterweg-Verlag, Hannover 2003

Kirmeyer, Rudolf, Der junge Musikant, München 1974

KJG, Songbuch 3, Düsseldorf 1990

Lugert, Wulf Dieter (Hrg.), Songs von Folk bis Hip-Hop, Lugert-Verlag, Oldershausen 2000

Ein weiteres Buch des Autors ist im Tectum Verlag erschienen:

Welche Musik braucht die Kirche? Wie wünschen sich Jugendliche musikalisch gesehen einen Gottesdienst? Neues Geistliches Lied oder Sacro-Pop ist hierbei immer das Schlüsselwort.

In der Publikation "Das Neue Geistliche Lied (NGL)" wird beginnend mit der Geschichte der Pop-Musik, über die Entwicklung des NGL mit seinen Verästelungen (Sacro-Rap, Gospel, Taize-Lieder, Heavens Metal etc.) bis hin zu aktuellen Fragen des Musikkonsums und der Zukunft der Musik in der Kirche ein umfassender Einblick in das Thema gegeben.
160 Seiten; 2003, ISBN 3-8288-8573-X , Tectum Verlag

www.ingramcontent.com/pod-product-compliance
Lightning Source LLC
Chambersburg PA
CBHW031125160426
43192CB00008B/1113